어떻게 사람의 **마음**을 **얻을 것**인가?

어떻게 사람의 마음을 얻을 것인가?

초판1쇄 인쇄 | 2016년 7월 5일
초판1쇄 발행 | 2016년 7월 10일

지은이 | 오정환
펴낸이 | 김진성
펴낸곳 | 호이테북스

편　집 | 정소연, 허강, 김선우
디자인 | 장재승, 안성희
관　리 | 정보해

출판등록 | 2005년 2월21일 제2016-000006호
주　소 | 경기도 수원시 팔달구 정조로900번길 13, 202호(북수동)
전　화 | 02-323-4421
팩　스 | 02-323-7753
홈페이지 | www.heute.co.kr
이메일 | kjs9653@hotmail.com

값 14,000원
ISBN 978-89-93132-45-8 03320

어떻게 사람의 마음을 얻을 것인가?

오정환 지음

차례

4장 ·· 해결책을 제시하라

5장 ·· 이야기하라

| 들어가는 글 |

설득, 삶과 비즈니스를 지배하는 핵심 기술! 그 해법을 고전에서 찾는다.

지금까지 영업을 하거나, 영업 조직을 관리하고, 영업인들을 교육하며 많은 시간을 보냈다. 영업을 할 때는 고객을 설득하는 방법이 궁금했고, 영업 조직을 관리할 때는 조직원들을 설득하여 열심히 일하도록 동기부여하는 방법을 알고 싶었다. 지금은 강의를 하며 청중들에게 영향을 미쳐 그들의 행동에 변화가 일어나도록 하는 방법을 고민하고 있다.

이렇게 설득에 사로잡혀 있을 때, 아주 우연히 사마천이 쓴 『사기』를 알게 되었다. 물론 중 · 고등학교 역사 시간에 한두 번쯤 들어 본 이름이지만, 별다른 관심이 없었다. 그러다가 『사기』에 관심을 갖게 된 것은 프리랜서 강사가 되기 위해 이런저런 책을 읽으면서부터다. 경제경영서나 리더십에 관한 책을 읽다 보면 많은 작가들이 고전을

춘추전국시대의 지형도

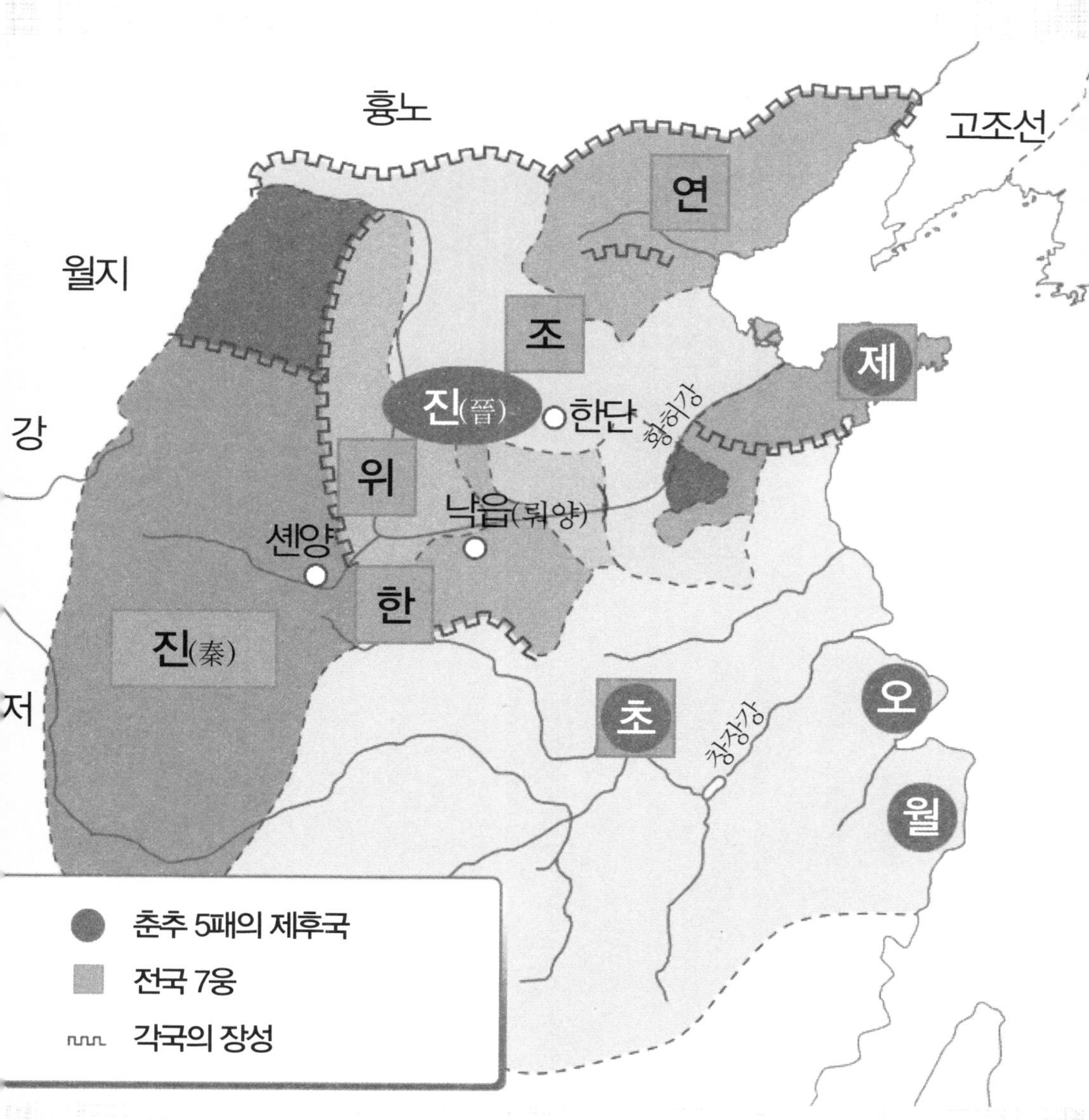
흉노
고조선
월지
연
조
제
진(晉)
한단
황하강
강
위
낙읍(뤄양)
셴양
한
진(秦)
저
초
오
창장강
월
춘추 5패의 제후국
전국 7웅
각국의 장성

1장

설득의 구조

1장 · 설득의 구조

음으로 물러나 나갔다. 다시 차례가 돌아 적황에게 이르자 그가 말했다.

"현명한 군주십니다. 제가 듣기로는 군주가 현명하면 그 신하의 말도 정직하다고 합니다. 임좌의 말이 이렇듯 정직하니 현명한 군주라는 것을 알 수 있습니다."

이 말을 들은 문후가 기뻐하며 말하기를, "임좌를 돌아오게 할 수 있겠소?" 하니 적황이 대답했다.

"어찌 안 될 일이겠습니까? 제가 듣기로 충신은 충성을 다하고도 감히 죽는 것을 멀리하지 않는다고 합니다."

적황이 가서 보니 임좌가 문밖에 있으므로 그를 불러들였다. 임좌가 들어가니 문후는 섬돌에서 내려와 그를 맞이한 후, 그가 죽을 때까지 높이 받들어 모시는 분으로 삼았다.

문후는 적황이 없었더라면 자칫 충신을 잃을 뻔했다. 위로 군주의 마음을 잘 헤아릴 뿐만 아니라 현명한 신하가 인정받을 수 있도록 한 사람은 오로지 적황뿐이었다.

위 문후는 전국시대 위魏나라의 개국군주開國君主로, 정치와 군사 등의 개혁을 단행하였으며, 특히 각 분야에 인재들을 고루 등용하여 나라의 기반을 튼튼히 했다. 위의 이야기로 보았을 때, 임좌는 의로운 신하임에는 틀림없으나 말주변은 없었던 것 같다. 그는 직설적으로 왕의 잘못을 지적하고 몰아붙였다. 사실 모든 신하들이 왕을 칭송하는데 혼자서 그렇게 하는 것은 목숨을 내놓아야 할 정도로 쉽지 않은 일이다. 다른 사람한테 좋지 않은 지적을 받는 순간 불쾌해지는 것이 인지상정이기 때문이다. 늘 좋은 말만 들었을 왕이라면 더욱 그럴 것이다. 위 문후도 불쾌하게 여긴 것이 얼굴에 그대로 드러났다.

반면 적황이라는 신하는 지혜와 함께 말솜씨까지 갖추었던 듯하다. 그는 임금이 무슨 말을 듣기 원하는지 정확히 알고, 임금의 마음을 돌려놓았다. 사실 이러한 말주변은 아무나 할 수 있는 것이 아니다. 상대가 무엇을 원하는지 정확히 알고 있어야 가능하다. 성공적인 설득이란 당연히 상대방의 행동 변화를 목표로 한다. 상대방이 스스로 깨닫고 판단하여 행동 변화를 일으킨다면 그것이야말로 최고의 설득이다. 설득이 성공하려면 적황처럼 설득하려는 사람의 지혜도 필요하고, 위 문후처럼 듣는 사람의 자세도 중요하다.

3

제대로 설득하라

신하가 왕을 제대로 설득하지 못하여 나라가 망한 사례도 있다. 와신상담臥薪嘗膽이라는 고사성어로 유명한 오나라와 월나라는 서로 치고받으며 오랜 기간 원수지간으로 지냈다. 월나라 왕 구천은 범려의 간언을 듣지 않아 나라가 망할 뻔했고, 오나라 왕 부차는 오자서의 충언을 귀담아듣지 않아 결국 월나라에 망해 자결한다. 범려와 오자서 입장에서는 설득에 실패한 것이고, 월나라 왕과 오나라 왕의 입장에서는 경청에 실패한 것이다. 자세히 자초지종을 살펴보자.

월나라와 전쟁을 하다 크게 패한 오나라 왕 합려는 손가락에 상처를 입었는데, 상처가 도져 죽음에 이르자 태자 부차를 왕으로 세우며 반드시 원수를 갚으라고 유언하였다. 부차는 선왕의 유언을 잊지 않고 은밀히 군사를 훈련하여 월나라에 복수할 때가 오기만을 기다렸다. 오나라가 복수를 준비하고 있다는 소문을 들은 월나라 왕 구천은 오나라가 군대를 일으키기 전에 먼저 공격해야 한다며 전쟁을 선포했다.

이에 범려가 다음과 같이 간언하였다.

"오나라를 먼저 공격해서는 안 됩니다. 신이 듣기로 무기는 흉기고, 전쟁은 덕을 거스르는 것이며, 다툼은 일 가운데서 가장 말단의 것입니다. 사람들 몰래 도모하여 덕을 거스르고, 흉기 사용하기를 좋아하여 자신을 말단의 것에서 시험하려 하심은 하늘도 금하는 것으로, 행한다 해도 아무 이득이 없습니다."

범려의 간언에도 불구하고 전쟁을 일으킨 월나라는 크게 패했다. 월나라 왕 구천은 항복하고 오나라 왕 부차에게 스스로 신하가 되겠다며 무릎을 꿇는다. 부차가 이를 허락하려고 하자 오자서가 반대하며 말하였다.

"구천은 사람됨이 힘든 고통을 견딜 수 있으니 지금 그를 없애지 않으면 나중에 반드시 후회할 것입니다."

그러나 오나라 왕은 듣지 않고 월나라와 화친을 허락하고, 동맹을 맺은 뒤 군대를 거두어 떠났다. 오자서는 다시 부차에게 간언하였다.

"월나라 왕 구천은 음식을 먹을 때 맛있는 것은 먹지 않고, 옷 색깔을 중시하지 않으며, 죽은 자가 있으면 조문하고 병든 자가 있으면 문병하여 그의 백성을 동원하려고 합니다. 이런 자를 죽이지 않으면 반드시 오나라에는 근심거리가 될 것입니다. 지금 월나라는 우리 마음속에 근심거리인데, 왕께서 먼저 그를 없애지 않고 제나라를 징벌하는 데 힘쓰려 하니 어찌 황당하지 않겠습니까?"

그러나 이번에도 오나라 왕은 그의 말을 듣지 않고 오히려 북쪽에 있는 제

상대가 얻을 수 있는 이익과 손해를 알려 줘야 한다. 특히 상대를 칭찬하고, 감정을 거스르지 않아야 한다. 춘추전국시대에 설득에 능한 사람들은 이 방법에 따라 유세를 했다. 전국시대의 유세가로 이름을 떨친 소진蘇秦의 유세법을 살펴보면 설득의 기본 이치를 배울 수 있다.

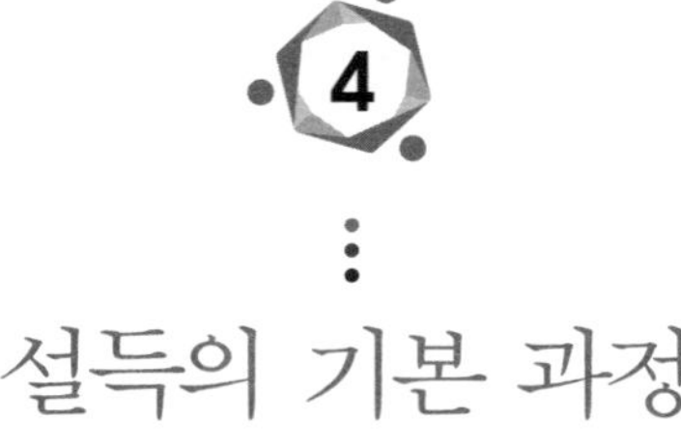

설득의 기본 과정

1_ 소진의 설득법

소진은 주周나라 사람이나 젊은 시절 제齊나라에 가서 공부하고 방랑하느라 매우 곤궁해져서 고향으로 돌아왔다. 형제들과 처첩이 모두 은근히 그를 비웃으며 말하였다.

"주나라 관습에는 논밭을 경작하거나 상업에 힘써 2할 이익을 보려고 하는 것이 사람의 의무인데, 당신은 그 본업을 버리고 다만 혀끝의 말솜씨에 힘쓰고 있으니 곤궁해지는 것은 당연하지 않겠습니까?"

소진은 이 말을 듣고 부끄럽게 여긴 나머지 방에 혼자 틀어박혀서 이렇게 생각했다.

'도대체 선비로서 머리 숙여 가며 학문을 하고도 벼슬과 영화를 얻을 수 없다면 아무리 많은 책을 읽은들 무슨 소용이 있겠는가?

그리하여 일 년 정도 집중적으로 공부하여 주나라 현왕顯王을 설득하고자 하였으나 현왕의 측근이 본래 소진을 잘 알고 있었으므로 경멸하여 상대하려 들지도 않았다. 소진은 진秦나라와 조趙나라를 차례로 찾아다니며 유세하였으나 실패하자 연燕나라로 갔다. 연나라에서도 일 년이 지나서야 겨우 왕을 만나 자신의 합종설을 주장하여 결국 왕을 설득하는 데 성공했다.

당시 중국은 전국시대로 전국 칠웅이라 해서 진秦, 초楚, 제齊, 연燕, 조趙, 위魏, 한韓 일곱 나라가 자웅을 겨루는 시기였다. 그중 진나라가 가장 힘이 셌다. 힘이 센 진나라에 대항하기 위해서는 나머지 여섯 나라가 동맹을 맺어 힘을 합쳐야 한다는 것이 합종설이다. 소진은 합종설을 들고 먼저 연나라 왕을 설득하는 데 성공했으나 다른 나라의 동의가 없으면 허사가 될 수밖에 없었다. 이에 소진은 조, 한, 위, 제, 초나라를 차례로 찾아다니며 6국이 힘을 합쳐 진나라에 대항해야 한다는 논리를 펼쳐 모두를 설득할 수 있었다. 그때 소진이 여섯 나라의 왕들을 설득하는 데는 다음과 같은 일정한 구조와 이치가 있었다.

· 1단계 : 신뢰 얻기

· 2단계 : 상대의 상황 · 문제 · 욕구 파악하기

· 3단계 : 위기와 손해 강조하기

· 4단계 : 해결책과 이익(혜택) 제시하기

1단계에서 4단계까지 모두 상대방의 변화를 유도하여 행동으로 이끌기 위한 것들이다. 상대방을 움직일 수 없다면 설득이 무슨 소용이란 말인가. 설득하기 위해 이러한 단계를 거치려면 많은 시간과 준비가 필요하다. 먼저 상대의 신뢰를 얻고, 상대의 상황과 문제를 사전에 파악하며, 상황과 문제에 따른 위기와 손해가 무엇인지 따져 보고, 상대에게 필요하다고 여겨질 만한 해결책과 이익혜택을 제시해야 설득의 목적을 달성할 수 있다. 여기서 목적이란 당연히 상대로 하여금 자신의 뜻대로 행동하게 만드는 것이다.

먼저 소진이 여섯 나라 가운데 초나라 왕을 만나 합종의 당위성을 설득하는 내용을 보자.

초나라는 천하의 강국이며, 대왕께서는 천하의 현군이십니다.

(중략)

초나라 땅은 사방 5천여 리, 무장 병력 100만 명, 전차 1천 승, 기마 1만 필, 식량은 10년을 지탱할 수가 있습니다. 이것은 패왕이 되기에 충분한 조건입니다. 나라는 강대하고 임금이 현명하니, 천하에서 초나라에 대항할 자가 없을 것입니다. 그런데 이처럼 큰 나라가 서쪽을 향해 진나라를 섬긴다고 하면, 제후들도 서쪽을 향해 함양진나라 수도의 장대 아래에서 조회하지 않는 자가 없을 것입니다. 진나라에 방해되는 나라로서 초나라 만한 나라가 없습니다. 초나라가 강하면 진나라는 약해지고, 진나라가 강하면 초나라는 약해지는 것이니 그 세력은 양립할 수가 없습니다.

그러므로 대왕을 위해 계책을 세워 드리건대, 여섯 나라가 서로 합종하여 진나라를 고립시키느니만 못합니다. 대왕께서 화친하지 않고 있을 때 진나라는 틀림없이 수륙의 군사를 일으켜 하나의 군대는 무관으로 나가고, 하나의 군대는 검중으로 내려 보낼 것이므로, 그렇게 되면 언과 영초나라 수도은 흔들리고 말 것입니다. 신이 듣건대 "흐트러지기 전에 다스리고, 해로운 일이 일어나기 전에 수습한다."는 말이 있습니다. 화를 만나 걱정한다는 것은 때늦은 것이라 아니할 수 없습니다. 그러므로 대왕께서는 어서 빨리 이를 깊이 헤아려 주시기를 바랍니다.

만약 대왕께서 진실로 저의 말에 따르신다면, 저는 산동의 제후들로 하여금 계절마다 공물을 바쳐 대왕의 밝으신 가르침을 신봉케 하고, 그들의 국가를 위탁하고 종묘에 봉사하고, 병사들을 훈련하고 무기를 만들어 대왕의 뜻대로 부릴 수 있도록 해 드리겠습니다. 대왕께서 진실로 저의 계책을 채용해 주시면, 한·위·제·연·조·위나라의 아름다운 음악과 미인이 임금의 후궁에 가득 차고, 연·대의 낙타와 훌륭한 말들이 틀림없이 왕의 마구간에 가득 채워질 것입니다. 그러므로 합종이 성공하면 초나라가 천하의 패자가 되는 것이요, 연횡이 성공하면 진나라가 천하의 황제가 되는 것입니다. 이제 대왕께서 패왕의 사업을 버리고 남의 신하가 되는 오명을 뒤집어쓰려는 것은 해서는 안 될 일이라 여겨집니다.

대체로 진나라는 호랑이나 이리 같은 나라로서 천하를 집어삼킬 야심을 품고 있습니다. 진나라는 천하의 원수라 할 수 있습니다. 연횡을 주장하는 자들은 모두 제후들의 땅을 쪼개어 진나라에 바치려고 하나, 이것은 이른바 '원수를 길러 원수를 받들어 모신다.'는 것입니다. 도대체 신하 된 자가 자기 임금의 땅을 쪼개어 호랑이나 늑대 같은 진나라와 교제하고, 나아가서는 천하를 침략하도록 유도하여, 마침내 진나라 때문에 걱정거리가 생겨도 그 재앙을 돌아보지 않으며, 밖으로 진나라의 위력을 믿고, 안으로 임금을 위협하여 땅을 쪼개 주기를 원한다는 것은 대역 불충으로 이보다 더한 것이 없을 것입니다. 그러므로 만일 합종이 성립되면 제후들은 토지를 바쳐 초나라를 섬기고, 연횡이 성립되면 초나라는 땅을 떼어 진나라를 섬겨야 할 것입니다.

이 두 가지 방책의 차이는 아주 뚜렷합니다. 이 두 가지 중에 과연 대왕께서는 어느 것을 택하시겠습니까? 이제 우리 조나라 왕은 계책과 함께 저를 보내 대왕과 명확한 약정을 맺으려고 하는 것이니 대왕의 생각을 듣고자 합니다.

소진의 유세를 보면, ① 신뢰 얻기 ② 상대의 상황 · 문제 · 욕구 파악하기 ③ 위기와 손해 강조하기 ④ 해결책과 이익혜택 제시하기 단계로 이어져 있음을 알 수 있다. 이러한 유세 내용을 단계별로 나누어 살펴보자.

① 신뢰 얻기

소진은 초나라 땅의 넓이와 군사력을 치켜세우며 왕을 칭찬하고 있다. 설득을 위해 상대에게 좋은 인상을 주고, 호감을 느끼게 하며, 친밀감을 형성하는 것은 화려한 말솜씨와 탄탄한 논리보다 중요하다. 생각해 보라. 누가 미운 놈 말을 듣겠는가.

초나라는 천하의 강국이며, 대왕께서는 천하의 현군이십니다.

(중략)

나라는 강대하고 임금이 현명하니, 천하에서 초나라에 대항할 자가 없을 것입니다.

② 상대의 상황 · 문제 · 욕구 파악하기

소진은 초나라의 지세, 군사력, 군량미, 국제 정세 따위를 세세히 꿰고 있었다. 소진은 이러한 상황을 기반으로 문제를 파악하여 초나라 왕을 설득하기 시작한다.

초나라 땅은 사방 5천여 리, 무장 병력 100만 명, 전차 1천 승, 기마 1만 필, 식량은 10년을 지탱할 수가 있습니다. 이것은 패왕이 되기에 충분한 조건입니다.

(중략)

이처럼 큰 나라가 서쪽을 향해 진나라를 섬긴다고 하면, 제후들도 서쪽을 향해 함양의 장대 아래에서 조회하지 않는 자가 없을 것입니다. 진나라에 방해되는 나라로서 초나라 만한 나라가 없습니다. 초나라가 강하면 진나라는 약해지고, 진나라가 강하면 초나라는 약해지는 것이니 그 세력은 양립할 수가 없습니다.

③ 위기와 손해 강조하기

또한 소진은 현재 진나라의 야심을 언급하며 이것을 방치하면 나라가 위험해 처할 수 있음을 강조하고 있다.

대왕께서 화친하지 않고 있을 때 진나라는 틀림없이 수륙의 군사를 일으켜 하나의 군대는 무관으로 나가고, 하나의 군대는 검중으로 내려 보낼 것이므로, 그렇게 되면 언과 영은 흔들리고 말 것입니다.

(중략)

대체로 진나라는 호랑이나 이리 같은 나라로서 천하를 집어삼킬 야심을 품고 있습니다. 진나라는 천하의 원수라 할 수 있습니다. 연횡을 주장하는 자들은 모두 제후들의 땅을 쪼개어 진나라에 바치려고 하나, 이것은 이른바 '원수를 길러 원수를 받들어 모신다.'는 것입니다. 도대체 신하 된 자가 자기 임금의 땅을 쪼개어 호랑이나 늑대 같은 진나라와 교제하고, 나아가서는 천하를 침략하도록 유도하여, 마침내 진나라 때문에 걱정거리가 생겨도 그 재앙을 돌아보지 않으며, 밖으로 진나라의 위력을 믿고, 안으로 임금을 위협하여 땅을 쪼개 주기를 원한다는 것은 대역 불충으로 이보다 더한 것이 없을 것입니다.

④ 해결책과 이익(혜택) 제시하기

소진은 문제와 위기를 강조한 다음에 해결책과 함께 상대방이 얻게 될 이익을 제시하고 있다. 소진이 제시하는 해결책이란 합종하여 진나라를 고립시키는 것이다. 그리고 얻게 될 이익은 초나라 왕이 천하의 패자가 되는 것이다. 주나라가 실권을 상실하자 전국 7웅은 다른 나라를 실질적으로 지배하는 패권국가가 되고 싶은 욕구를 가지고 있었다. 소진은 바로 그 욕구를 건드리고 있다.

그러므로 대왕을 위해 계책을 세워 드리건대, 여섯 나라가 서로 합종하여 진나라를 고립시키느니만 못합니다.

(중략)

신이 듣건대 "흐트러지기 전에 다스리고, 해로운 일이 일어나기 전에 수습한다."는 말이 있습니다. 화를 만나 걱정한다는 것은 때늦은 것이라 아니할 수 없습니다.

(중략)

만약 대왕께서 진실로 저의 말에 따르신다면, 저는 산동의 제후들로 하여금 계절마다 공물을 바쳐 대왕의 밝으신 가르침을 신봉케 하고, 그들의 국가를 위탁하고 종묘에 봉사하고, 병사들을 훈련하고 무기를 만들어 대왕의 뜻대로 부릴 수 있도록 해 드리겠습니다. 대왕께서 진실로 저의 계책을 채용해 주시면, 한 · 위 · 제 · 연 · 조 · 위나라의 아름다운 음악과 미인이 임금의 후궁에 가득 차고, 연 · 대의 낙타와 훌륭한 말들이 틀림없이 왕의 마구간에 가득 채워질 것입니다. 그러므로 합종이 성공하면 초나라가 천하의 패자가 되는 것이요, 연횡이 성공하면 진나라가 천하의 황제가 되는 것입니다.

이렇게 정리해 놓고 보니 소진의 설득법을 한눈에 알 수 있다. 소진은 상대를 칭찬하여 마음을 열고, 문제를 제기하고 위기를 강조하여 상대를 불안하게 한 다음, 해결책을 제시해 이를 따르면 얻게 될 이익을 설명하고 있다. 사실 이러한 방법은 지금도 비즈니스 세계에서 빈번히 활용하고 있다.

2_ 장의의 설득법

소진의 합종설에 맞선 주장으로 장의張儀의 연횡설連橫說이 있다. 연횡설은 나라의 안위를 위하여 가장 강력한 진나라와 동맹을 맺는 것이 유리하다는 주장이다. 연횡설을 살펴보기 전에 먼저 장의라는 인물에 대해 알아보자. 그는 소진과 동문수학한 사이였다. 소진보다 똑똑하여 소진도 자신의 재주가 장의에게는 미치지 못한다는 사실을 알고 있었다. 장의에 대한 재미있는 일화가 있어서 여기에 소개한다.

장의는 학업을 마치자 제후들에게 유세를 하면서 돌아다녔다. 그는 일찍이 초나라 재상과 술을 마시게 되었는데 마침 그때 초나라 재상의 벽옥璧玉, 귀한 구슬이 없어졌다. 그러자 재상의 빈객들은 장의를 의심하여 지목하였다.

"장의는 가난뱅이로 품행이 좋지 못합니다. 재상의 구슬을 훔친 것은 틀림없이 그자의 소행일 것입니다."

이리하여 장의를 붙들어 수백 대의 매를 호되게 쳤다. 아무리 매를 쳐도 굴복하지 않자 그만 매를 그쳤다. 그의 아내는 탄식하였다.

"아! 당신이 유세에 관한 공부를 하지 않았다면 재상의 벽옥을 훔쳤다는 누명은 쓰지 않았을 텐데 말입니다."

그러자 장의가 아내에게 물었다.

"내 혀가 그대로 있는지 보아 주오. 아직도 있소?"

아내가 웃으며 대답하였다.

"혀는 붙어 있지요."

장의가 말했다.

"그렇다면 됐소."

이제 연횡설을 주장한 장의의 설득법을 살펴보자. 사실 장의의 방법은 설득이라기보다는 협박에 가깝다. 그런데 앞서 소개한 소진의 설득법과 그 구조가 비슷하다. 다만 신뢰를 얻을 필요가 없다는 것이 다르다. 장의는 상대가 말을 듣지 않으면 군사력으로 협박하여 연횡책을 밀어붙였다. 다음은 장의가 위나라를 설득협박하는 과정이다. 중국의 전국시대 지도를 보면서 읽는다면 이해하기가 더 쉬울 것이다.

장의는 먼저 위나라로 하여금 진나라에 신하의 예를 바치게 하고, 제후들로 하여금 이를 본뜨게 하였다. 그러나 위나라 양왕襄王은 장의의 말을 받아들이려 하지 않았다. 장의가 위나라에 체류한 지 4년 만에 양왕이 죽고 애왕哀王이 뒤를 이었다. 장의는 애왕을 또 설득하였으나 애왕도 이를 받아들이지 않았다. 이에 장의는 몰래 진나라에 통보하여 위나라를 치게 하였다. 위나라는 진나라와 싸웠으나 패하였다. 이듬해에 제나라가 또 공격해 와서 위나라를 관진觀津에서 깨뜨렸다. 진나라가 다시 위나라를 치려고 먼저 한나라의 장수 신차申差의 군대를 부수고 8만 명에 달하는 병졸의 목을 베자 제후들은 크게 두려워하였다. 이에 장의는 또다시 위나라 왕에게 다음과 같이 말하였다.

① 문제 제기

위나라 영토는 사방 천 리 미만으로 군사는 30만 명에 불과합니다. 땅은 사방이 평탄하고 도로는 사통으로 열려 있어 다른 나라에서 마음대로 쳐들어올 수 있습니다. 명산대천에 의해 경계를 이룬 곳도 없고, 한나라의 신정新鄭에서 위나라의 대량까지 2백여 리는 수레나 말을 몰고 사람이 달려도 쉽게 도달할 수 있습니다. 위나라는 남쪽은 초나라와, 서쪽은 한나라와, 북쪽은 조나라와 접경을 이루고 있으며, 동쪽은 제나라와 마주하고 있어, 사방을 지키는 병사와 변방의 성채를 지키는 군사는 10만 명을 넘어야 합니다. 위나라의 지세는 싸움터가 되기에 알맞습니다. 위나라가 남쪽의 초나라와 손잡고 제나라에 가담하지 않으면, 제나라는 위나라의 동쪽을 공격할 것입니다. 만약 동쪽의 제나라와 맺어지고 조나라와 맺지 않는다면, 조나라는 위나라의 북쪽을 공격할 것입니다. 한나라와 연합하지 않으면 한나라는 위나라의 서쪽을 공격할 것이며, 초나라와 친선하지 않으면 초나라는 위나라의 남쪽을 공격할 것입니다. 이를 두고 이른 바 사분오열의 형세라고 하는 것입니다.

② 위기 강조

대왕께서 진나라를 섬기지 않으면, 진나라가 출병하여 하외河外를 공격하고, 권卷 · 연衍 · 산조酸棗를 근거지로 하여, 위衛나라를 위협하고 양진陽晉을 취할 것입니다. 그렇게 되면 조나라는 남쪽의 위나라와 통할 수 없고, 위나라는 북쪽의 조나라와 통할 수 없습니다. 조나라가 남과 통하지 못하고, 위나라가 북과 통하지 못하면 합종의 길은 끊어지고, 합종의 길이 끊어지면 대왕의 나라는 위태로워질 수밖에 없습니다. 또 진나라가 한나라를 제압하고 위나라를 친다면 한나라가 초나라를 겁내어 순종할 것이며, 진 · 한 두 나라가 연합하면 위나라의 멸망은 그 자리에서 벌어지고 말 것입니다. 이것이 대왕을 위해

제가 대신 걱정하는 바입니다.

③ 해결책 제시

대왕을 위한 계책으로 진나라를 섬기는 것보다 더 훌륭한 것은 없습니다. 대왕께서 진나라를 섬기면, 틀림없이 초 · 한 두 나라는 움직이지 않을 것입니다.

④ 이익 제시

초 · 한에 대한 걱정이 없어지면 대왕은 베개를 높이 하여 편안히 잠을 잘 수 있고, 나라에 우환이 있을 이유가 없습니다. 진나라가 누르고 싶어 하는 나라는 초나라뿐이며, 초나라를 누를 수 있는 나라는 위나라밖에 없습니다. 초나라는 부강한 나라로 알려져 있지만 실제로는 공허하며, 군사는 많으나 움직임이 가볍고 도망하기를 빨리해서 굳건히 지속해서 싸울 수가 없습니다. 위나라 군사를 몽땅 일으켜서 남쪽으로 초나라를 향하여 친다면 이기는 것은 정해진 수순입니다. 초나라가 땅을 쪼개어 위나라에 더하고, 땅을 갈라 진나라에 돌려주게 되면, 이것은 재앙을 초나라에 전가하는 것이 되어 위나라가 편안해질 것이니 진실로 좋은 방책이라고 하겠습니다.

⑤ 손해 강조

대왕께서 만약 신의 건의를 받아들이지 않는다면, 진나라는 군사를 동원하여 동쪽으로 위나라를 칠 것입니다. 이렇게 되면 진나라를 섬기려고 해도 이미 때가 늦어지고 맙니다.

이것은 사실 설득이 아니라 협박이다. 장의가 사용한 협박의 구조를 보면, 설득의 구조에서 1단계, 즉 신뢰 얻기만 없다. 힘이 한쪽으로 쏠려 있는 불균형 상태에서 힘으로 누르고자 하는데 굳이 신뢰가 필요하지 않다는 것이다. 그렇다면 힘이 서로 엇비슷한 경우에는 어떻게 할까? 그때는 기만술을 쓴다. 장의는 초나라에 땅 600리를 떼어 주겠다는 기만술로 이익을 얻은 바 있다.

그러나 설득은 이처럼 기만이나 협박이 아니다. 기만이나 협박은 단기 승부에서 이로울 수는 있어도 결국 신뢰를 잃게 마련이다. 신뢰를 잃으면 어떤 수를 쓴다 해도 상대를 설득할 수 없다. 협박이나 기만은 소탐대실小貪大失로 가는 지름길이다.

영업 조직을 관리할 때 처음 입사한 영업인들은 보통 두 부류로 나눌 수 있다. 연고 위주로 영업하는 부류와 개척 위주로 영업하는 부류가 그것이다. 이때 평소 인간관계에서 신뢰를 얻은 영업인은 개척이든 연고 판매든 성과가 좋다. 평소 지인들에게 베풀었던 영업인은 개척한 신규 고객에게도 신뢰를 쌓으면서 영업 활동을 잘하기 때문이다. 그런데 처음 입사하여 연고든 개척이든 판매가 저조한 영업인은 평소 대인관계에 문제가 많은 사람이다. 그래서 처음 들어왔을 때 활동 결과를 보면 평소 이 사람이 어떻게 살아왔는지 대충은 알 수 있다.

세일즈를 포함한 모든 비즈니스 세계는 결국 고객을 설득하는 작업이다. 이때 평소 신뢰를 쌓은 사람과 그렇지 못한 사람이 분명하게 갈리는 것은 어쩔 수 없는 일이다.

2장

신뢰부터 챙겨라

2장 · 신뢰부터 챙겨라

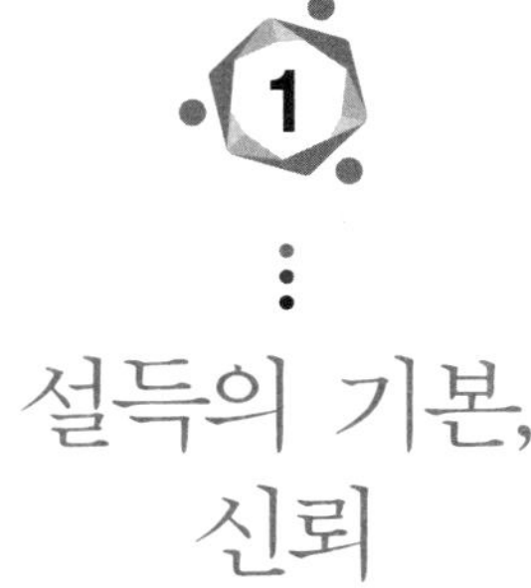

설득의 기본, 신뢰

신뢰는 설득의 바탕이다. 누군가의 입에서 나오는 말이 믿을 만한가, 그렇지 않은가는 그 사람의 평소 행동으로 가늠할 수 있다. 신뢰는 그 어떠한 말보다도 설득력을 지니고 있다. '들어가는 글'에서 언급한 『한비자』의 〈세난〉 편을 보자.

> 유세할 때에 힘써야 할 점은 상대방이 자랑스러워하는 점은 칭찬해주고, 부끄러워하는 부분은 감싸줘야 한다는 것이다.
>
> (중략)
>
> 유세의 대의는 상대의 뜻을 거스르지 않는 것이며, 말투도 상대의 감정을 건드리지 않아야 한다. 그런 뒤에야 자신의 지혜와 말재주를 마음껏 발휘할 수 있을 것이다.

이는 곧 설득을 하려면 상대에게 신뢰를 얻으라는 말인데, 문제는 이러한 신뢰를 몇 마디 말로 단시간에 쌓을 수 없다는 것이다. 신뢰는 사실 말이 아니라 행동과 관련이 있고, 오랜 시간 동안 상대에게 믿음을 주었을 때 얻을 수 있는 것이다.

고대 중국에서 탕왕湯王은 하夏나라를 멸하고 은殷나라를 세웠다. 이때 탕왕을 도와 은나라를 건국하는 데 큰 역할을 한 이윤伊尹이라는 신하가 있었다. 그런 이윤이 탕왕을 만나고 싶었으나 구실이 없자 꾀를 내었다. 『사기』의 〈은본기〉 편에는 이때 이윤이 발휘한 꾀를 이렇게 적고 있다.

> 이윤이 탕을 만나고자 하였으나 구실이 없자 유신씨有莘氏의 혼수품인 잉신媵臣이 되어 세발솥과 도마를 메고 가서 음식 맛으로 탕에 유세하여 왕도정치를 실현하기에 이르렀다.

앞의 이야기만으로는 무슨 말인지 알 수 없으니, 설명을 덧붙여야 이해가 빠를 것이다. '유신씨'는 동네 이름으로 탕의 아내 친정 부락이다. 또한 탕의 신하가 되는 이윤의 출신지이기도 하다. '잉신'은 귀족들 혼례 때 혼수품으로 딸려 가는 남자 노복을 이르는 말이다. 그리고 세발솥과 도마는 요리 기구를 뜻한다.

탕왕과 혼인하여 왕비가 될 사람은 마침 이윤과 고향이 같은 여자였는데, 이윤은 탕왕을 만나기 위해 그녀의 혼수품으로 딸려 가는 요리사가 되었다. 그는 맛있는 음식으로 탕왕에게 접근하여 신뢰를 얻은 후에 요리 과정을 통치에 비유하는 설득을 하여 탕왕에 의해 등용되었다. 이 과정에서 이윤은 왕의 신뢰를 얻기 위해 오랜 기간 기다리고 엿보며 고민했을 것이다. 신뢰가 없으면 어떠한 좋은 말로도 설득하기 힘들다는 것을 이윤은 알았기 때문이다.

고인이 된 구본형 선생이 쓴 『사람에게서 구하라』에는 국무장관으로 취임한 직후 콜린 파웰Colin Powell이 신뢰를 얻기 위해 어떻게 했는지를 잘 보여주고 있다. 다음은 콜린 파웰이 자신의 지인에게 보낸 편지 가운데 일부다.

> 모두들 내가 국무부 조직의 판을 다시 짜기를 바랍니다. 그러나 나는 이 사람들이 내 편이 되기를 기다릴 것입니다. 그들이 나의 리더십을 믿을 때까지 재조직을 감행하지 않을 것입니다.

콜린 파웰은 변화를 시도할 때 듣고, 배우고, 사람들을 참여시키는 데 엄청난 시간을 들인 것으로 알려져 있다. 그러나 모든 사람에게 만족을 주려고 하지는 않았다. 단지 기반을 조성하는 데 성실하다는 뜻이다. 때가 되면 그는 변화의 앞에 설 준비가 되어 있었다. 중요한 점은 자신을 믿고 따르게 하기 위해 먼저 많은 투자를 하고, 그 신뢰를 기반으로 하여 변화를 도모한다는 사실이다. 사람들에게 신뢰를 얻지 못하면 아무것도 설득하지 못한다는 사실을 그는 알고 있었다.

『사기』에도 신뢰를 구축하기 위해 노력하는 위인들의 모습이 많이 나온다. 먼저 조나라의 평원군을 보자.

평원군平原君 조승趙勝은 조나라의 공자 중 하나로, 그중에서 가장 똑똑하였으며, 빈객을 좋아하여 그에게 찾아온 빈객이 수천 명에 이르렀다. 평원군은 조나라 혜문왕惠文王과 효성왕孝成王에 걸쳐 재상을 지냈다.

평원군의 저택 누각은 민가를 내려다볼 수 있는 곳에 있었는데, 그중 한 민가에는 절름발이가 살고 있었다. 그는 다리를 절면서도 손수 물을 길어다 먹었다. 어느 날 평원군의 애첩이 그 모습이 우습다고 깔깔거리며 소리 내어 웃었다. 그러자 이튿날 그 절름발이가 평원군의 저택으로 찾아와서 이렇게 말하였다.

"저는 공자께서 선비들을 아주 잘 대접하신다고 들었습니다. 또 선비들 역시 천 리를 멀다 여기지 않고 공자를 찾아오는 것은, 공자께서 선비들을 소중히 여기고 첩을 하찮게 여긴다고 생각하기 때문입니다. 그런데 공자의 첩은 제가 다리를 절뚝거리고 곱사등인 것을 보고 비웃었습니다. 그러니 저를 비웃은 애첩의 목을 베어 주십시오."

그러자 평원군은 웃으며 "알았소." 하고 대답하였다. 그러나 절름발이가 물러가자 평원군은 이렇게 말하였다.

"이 녀석 좀 보게. 한 번 웃었다는 이유로 내 애첩을 죽이라니 너무 심하지 않은가?"

평원군은 끝내 애첩을 죽이지 않았다. 그러자 그때부터 빈객들이 하나둘씩 떠나더니 일 년이 채 못 되어 절반이 줄어들고 말았다. 평원군은 그 까닭을 몰라 "내가 여러분을 대우하는 데 조금도 소홀함이 없었다고 생각하는데 떠나는 식객이 이렇게 많으니 어찌된 일이오?" 하고 빈객들에게 물었다.

그러자 문인 중 하나가 앞으로 나서며 이렇게 대답하였다.

"지난번 절름발이를 비웃은 첩을 죽이지 않았기 때문에 공자께서는 여색을 좋아하고 선비쯤은 하찮게 여기는 분으로 여겨졌던 것입니다. 이에 모두들 떠나는 것입니다."

그제야 평원군은 절름발이를 비웃던 애첩의 목을 베어 들고 몸소 그를 찾아가 사과하였다. 이 일이 세상에 알려지자 다시 빈객들이 모여들었다.

신뢰는 영향력과 관련이 있다. 신뢰를 잃으면 더 이상 영향력을 발휘할 수 없다. 왕의 아들로 태어나 나라의 재상을 지낸 지체 높은 사람이 애첩의 목을 베어 들고 하찮은 절름발이를 찾아가서 사과하였다는 사실에 주목할 필요가 있다. 평원군의 인물 됨됨이를 알 수 있는 대목이다. 다른 사람이라면 오히려 건방지다며 절름발이의 목을 베었을 것이다. 그러나 평원군은 이렇게 겸손해짐으로써 사람들에게서 신뢰를 회복할 수 있었다.

중국의 전국시대에 조나라 군대가 장평전투에서 진나라의 백기 장군에 의해 40만 명이 생매장당한 일이 있었다. 이 참담한 일 뒤에는 무능한 리더십의 소유자인 조괄趙括이라는 사람이 있었다. 다음은 리더가 신뢰를 잃으면 어떤 결과를 초래하는지 똑똑히 보여주는 조괄의 사례이다.

조괄은 소년 시절부터 병법을 배워 군사에 관한 이야기를 잘하였다. 천하의 병법가로서는 자기를 당할 만한 사람이 없다고 자부하였다. 일찍이 그의 아버지 조사趙奢와 병법을 토론하였을 때 아버지도 아들 조괄을 당해 내지 못하였다고 한다. 그러나 조사는 아들을 칭찬하지 않았다. 조괄의 어머니가 그 까닭을 묻자 그는 이렇게 말하였다.

"전쟁이란 목숨을 거는 것이오. 그런데 괄은 그것을 가볍게 말하고 있소. 조나라가 괄을 장군에 임명하는 일이 없다면 다행이겠지만, 만일 그 애가 장군이 되는 날이면 틀림없이 조나라 군대를 망치고 말 것이오."

이리하여 조괄의 어머니는 조괄이 출정하기에 앞서 왕에게 글을 올렸다.

"조괄을 장군으로 삼아서는 안 됩니다."

왕이 그 이유를 묻자 그녀는 이렇게 대답하였다.

"처음 제가 그의 아비를 모셨을 때, 마침 그의 아비는 장군으로 있었습니다. 그의 아비는 직접 먹여 살리는 부하가 수십 명이나 되었고 친구는 수백 명에 이르렀습니다. 대왕이나 왕족들에게서 하사받은 물품은 모조리 군리軍吏와 사대부들에게 나누어 주었습니다. 또한 출정 명령을 받은 그날부터는 집안일을 전혀 돌보지 않았습니다. 그런데 지금 괄은 하루아침에 장군이 되어 높은 자리에 앉게 되었으나, 군리들 가운데 그를 우러러보는 사람이 한 사람도 없습니다. 대왕께서 내리신 돈과 비단은 집에다 저장하고, 이익이 될 만한 땅이나 집을 둘러보았다가 사들였습니다. 대왕께서는 어찌 그 아비와 같을 것이라 생각하옵니까? 아비와 자식은 마음 쓰는 것부터가 다릅니다. 바라옵건대 대왕께서는 그 아이를 장군으로 보내지 말아 주십시오."

그러나 왕은 그녀의 말을 듣지 않았다.

"어미는 더 이상 말을 말라. 나는 이미 결정을 하였노라."

그러자 조괄의 어머니는 다시 이렇게 말하였다.

"대왕께서 굳이 그 아이를 보내신다면, 그 애가 소임을 다하지 못하더라도 저를 자식의 죄에 연루시켜 벌을 내리지 않을 수 있겠습니까?"

왕은 이를 승낙하였다.

조괄은 장군으로 임명되자 군령을 모조리 뜯어고치고 군리들을 전부 교체하였다. 그 무렵 진나라 장군 백기白起가 기병奇兵을 보내어 거짓으로 달아나는 시늉을 해 보이고, 조나라 군대의 식량 보급로를 끊은 다음 조나라 군대를 둘로 갈라놓았다. 조나라 군사들은 이미 조괄에게서 마음이 떠나 있었고, 이렇게 40여 일이 지나자 조나라 군사들은 굶주리기 시작하였다.

조괄은 마침내 정예 부대를 앞세우고 그 자신도 백병전에 가담하였다. 진나라 군사는 조괄을 쏘아 죽였다. 조괄의 군대는 패하여 수십만 명이 진나라에 항복하였다. 진나라는 이렇게 항복한 조나라 군사들을 모조리 구덩이에 묻어 죽였다. 조나라는 이 싸움을 전후로 약 45만 명이나 되는 군사를 잃었다.

한 개인이 신뢰를 얻지 못하면 문제는 그 개인으로 끝난다. 하지만 리더는 다르다. 리더의 잘못은 곧 조직의 붕괴, 회사의 몰락, 나라의 패망으로 이어진다. 평원군이 절름발이를 비웃은 애첩을 죽이지 않자 빈객들이 하나둘 떠나더니 일 년이 채 못 되어 절반이 줄어들었다. 이것은 개인의 문제다.

그러나 조괄의 경우는 다르다. 조괄이 군사들에게서 신임을 얻지 못한 결과는 너무나 참혹하다. 무려 45만 명이나 되는 사람들이 목숨을 잃었다. 조괄과 그의 아버지 조사를 비교해 보면 그 원인을 분명히 알 수 있다.

조괄의 아비인 조사는 장군이었을 때, 그가 직접 먹여 살리는 부하가 수십 명이나 되었고, 친구는 수백 명에 이르렀다. 대왕이나 왕족들에게서 하사받은 물품은 모조리 군리軍吏와 사대부들에게 나누어 주었고, 출정 명령을 받은 그날부터는 집안일을 전혀 돌보지 않았다. 그러나 조괄은 부하들 가운데 그를 우러러보는 사람이 하나도 없었다. 왕이 내린 돈과 비단은 집에다 쌓아 놓고 이익이 될 만한 땅이나 집을 매일 둘러보았다가 사들였다. 리더가 재물을 모아 부자가 되려는 데 관심이 많으니 어떻게 신뢰를 얻겠는가?

조괄과 콜린 파월을 비교해 보아도 확실히 대비된다. 콜린 파월은 조직원들이 자신의 리더십을 믿을 때까지 조직을 건드리지 않았다. 그러나 조괄은 장군으로 임명되자마자 군령을 모조리 뜯어고치고 군리들을 전격 교체하였다. 이러니 조나라 군사들은 마음이 떠났고, 당연히 조괄의 명령이나 말은 영향력을 잃었다. 리더가 신뢰를 잃으면 어떻게 되는지 잘 보여주는 사례다. 조괄이 이 전투에서 패함에 따라 결국 수도 한단까지 포위당하면서 조나라는 위기에 처하게 되었다.

신뢰는 설득을 위한 전제 조건이다. 아무리 설득의 구조를 활용하여 화려한 말을 쏟아낸다 하더라도 상대방이 그 말을 믿지 않으면 공염불로 그치고 만다. 앞의 몇몇 사례에서 살펴보았듯이 신뢰는 하루아침에 말로써 쌓을 수 있는 것이 아니다. 신뢰는 오랜 시간 공을 들여야 하고, 행동으로 보여줘야 하는 것이다. 그렇다면 어떻게 해야 신뢰를 얻을 수 있을까?

신뢰를 얻는 방법

1_ 선심(善心)

"사람들에게 빚지게 하라!"는 말이 있다. 비즈니스에서 흔히 쓰이는 말이다. 사람들에게 선물을 하고, 사람들의 문제를 해결해 주고, 그들이 어려울 때 도움을 주고, 사람들의 부탁을 흔쾌히 들어주는 것은 상대를 빚지게 하는 것이다. 이처럼 베푸는 것이야 말로 평소에 신뢰를 쌓는 가장 좋은 방법이다.

신뢰를 얻는 것은 곧 사람을 얻는 것이다. 신뢰로 사람을 얻었다면 굳이 긴말이 필요 없다. 당신 말을 무조건 믿겠다는 사람에게 설득은 불필요하기 때문이다. 이렇게 선심으로 신뢰를 쌓아 놓으면 위기 순간에 그것이 값어치를 한다. 평소 사람들에게 베푼 선심이 위기 때 어떤 역할을 하는지 다음의 사례들을 살펴보자.

중산中山 임금이 사대부들을 불러 잔치를 벌였다. 이때 대부 사마자기司馬子期도 초청을 받았다. 양고기 국을 나눠 먹을 때 마침 사마자기에게 그 몫이 돌아가지 않았다. 그 일로 사마자기는 노하여 초楚나라로 달려가 초나라 왕楚王을 부추겨 중산을 치게 하였다.

중산 왕이 도망을 다니고 있을 때, 어떤 두 사람이 창을 들고 그 뒤를 따르며 지켜 주고 있었다. 왕이 뒤를 돌아보며 두 사람에게 물었다.

"그대들은 누군가?"

"저희들 아버지께서 일찍이 배가 고파 죽기 직전에 왕께서 식은 밥을 내려 살려 주셨습니다. 아버님이 임종하시면서 '만약 중산 왕에게 무슨 일이 생기거든 죽음으로써 보답하라'고 유언하셨습니다. 그래서 임금님을 위하여 목숨을 바치려고 따라나선 것입니다."

왕은 하늘을 우러러 탄식하였다.

"남에게 무엇을 베풀 때는 양이 많고 적음에 있는 것이 아니라 몹시 어려울 때 베푸는 것이 중요하며, 남에게 원한을 살 때는 깊고 얕음에 있는 것이 아니라 그 마음을 상하게 하는 데 있구나. 내가 양고기 국물 한 그릇에 나라를 망쳤고, 찬밥 한 그릇으로 두 용사를 얻었구나."

— 『전국책』

조간자趙簡子는 흰 노새 두 마리를 갖고 있었는데, 이를 무척 아꼈다. 양성서거陽城胥渠는 병이 있어서 광문廣門의 마을에 거주했는데, 어느 날 밤에 성문을 두드리며 사정을 했다.

"주인님 가신인 저에게 병이 있습니다. 의원이 알려주기를 '흰 노새의 간을 구하면 병이 나을 것이나 구하지 못하면 죽을 것이오.' 라고 했습니다."

동안우董安于가 조간자를 곁에서 모시고 있다가 성을 내며 말했다.

"저런 고약한 것! 서거 저놈은 우리 주인님의 노새를 바라고 있는 것이니, 청하건대 제가 가서 저놈을 베어버리겠습니다."

그러자 조간자가 대답했다.

"무릇 사람을 죽여서 짐승을 살린다면 어질지 못한 일이 아니겠는가? 그러나 짐승을 죽여서 사람을 살린다면 어진 일이 아니겠느냐?"

그리고 요리사를 불러서 흰 노새를 잡게 하고, 그 간을 꺼내어 양성서거에게 주었다. 그 후 얼마 안 있어 조나라가 군사를 일으켜 적翟의 땅을 침공했다. 양성서거가 살고 있는 광문의 마을에서 좌로 칠백, 우로 칠백 명이 각각 모여들어 모두가 앞다퉈 수레에 올라가서 적군 우두머리를 사로잡았다.

—『여씨춘추』

공자가 위衛나라 재상으로 있을 때, 제자 자고子皐가 옥리獄吏로 하여금 어떤 자의 발꿈치를 자르는 형벌을 내렸다. 발꿈치를 잘린 자는 문지기가 됐다. 어떤 사람이 위나라 왕에게 공자를 험담하며 말했다.

"공자가 난을 일으키려고 합니다."

위나라 왕은 공자를 잡아들이려고 했으나 공자와 제자들은 달아났다. 자고子皐가 뒤늦게 문을 빠져나오려고 하자 발꿈치를 잘린 자가 그를 이끌어 문 근처 집으로 피신하도록 도와주었다. 그래서 추격하던 벼슬아치들이 그를 붙잡지 못했다. 한밤중이 되자 자고가 물었다.

"나는 법을 어길 수 없어 그대의 발꿈치를 잘랐소. 지금은 그대가 복수할 때인데도 무슨 까닭으로 나를 달아날 수 있게 한 것이오? 내가 어찌 그대에게 이런 대접을 받을 수 있단 말이오?"

그러자 발꿈치를 잘린 자가 말했다.

"제가 발꿈치를 잘리게 된 것은 당연히 저의 죄에 합당한 것으로 어찌할 수 없는 일이었습니다. 그런데 당신은 저의 죄를 판결할 때 다방면으로 법령을 살피고 신을 변호해 죄를 줄여 주려고 했습니다. 신은 그것을 알고 있습니다. 재판이 결정되고 죄가 확정되자, 당신 얼굴에는 안쓰러워 괴로워하는 모습이 엿보였습니다. 신은 그것을 보고 또 알았습니다. 그것은 저에 대한 사사로운 편견이 아니라 당연한 일이었던 것이며, 천성이 인자하고 마음이 진실하여 그러했던 것입니다. 이것이 신이 기꺼이 당신에게 보답하려는 까닭입니다."

—『한비자』

선심은 이처럼 남에게 은혜를 베푸는 것이다. 사람들은 작은 일에 원한을 품고, 작은 일에 고마움을 느낀다. 중산中山 임금이 잔치 때 양고기 국을 주지 않자 사마자기는 노하여 초楚나라로 달려가 왕을 부추겨 중산을 치게 하였다. 겨우 국 한 그릇에 마음이 상한 것일까? 아니면 그동안 여러 가지 일로 불만이 쌓여 있다가 국 한 그릇으로 폭발한 것일까? 사람은 이렇게 사소한 것에도 마음이 상한다. 그런데 중산은 배고픈 사람에게 식은 밥을 베푼 덕에 도움을 받았다.

또한 조간자는 노새를 잡아 간을 내주어 사람을 살리는 선심을 베푼 결과, 백성들의 신뢰를 얻어 위기를 벗어났다. 평소 신뢰를 얻지 못한 사람이 "전쟁이 일어났으니 모두 전쟁터로 나가 싸웁시다."라고 말한다고 해서 될 일이 아니다. 이처럼 신뢰는 평소 행동으로 쌓는 것이다. 중산의 다음과 같은 탄식을 마음에 새겨야 할 것이다.

남에게 무엇을 베풀 때는 양이 많고 적음에 있는 것이 아니라 몹시 어려울 때 베푸는 것이 중요하며, 남에게 원한을 살 때는 깊고 얕음에 있는 것이 아니라 그 마음을 상하게 하는 데 있구나.

그런데 선심으로 신뢰를 얻을 때에도 명심할 것이 있다. 남이 나에게 베푼 것은 절대 잊지 말아야 하지만, 내가 남에게 베푼 선심은 즉시 잊어야 한다는 것이다. 이와 관련 있는 이야기가 하나 있다.

신릉군信陵君 무기無忌는 위魏나라 왕자로 사람됨이 어질고 겸허했다. 선비들과 만나면 누구에게나 겸손하고 예의 바르게 교제했으며, 자신이 귀한 몸이라 해서 거만한 태도를 보이는 일이 없었다. 그러므로 사방 수천 리 지방에서 선비 3천여 명이 몰려와 신릉군에게 몸을 의지하였다. 신릉군이 현명하고 빈객이 많다 보니 다른 나라에서도 섣불리 군대를 보내 위나라를 치려고 하지 않았다.

장평전투에서 대승을 거둔 진나라가 숨을 고른 후 다시 조나라를 침공하여 수도 한단까지 포위하자 백척간두인 조나라는 이웃 나라에 구원병을 요청하였다. 이에 위나라는 진비晉鄙에게 군사 10만 명을 데리고 가서 조나라를 도와주도록 하였다. 이 사실을 알게 된 진나라가 위나라 왕을 협박하자, 겁을 먹은 위나라 군대는 국경에서 정세를 관망만 할 뿐 적극적으로 조나라를 도와주지 않았다.

신릉군은 속이 타서 몇 번이고 위나라 왕에게 간청해 보았으나 진나라를 두려워하는 마음이 더 컸으므로 청을 들어주지 않았다. 할 수 없이 국경으로 간 신릉군은 왕의 명령이라 속이고 진비에게서 군대를 인수하려 했으나 말을 듣지 않자 그를 살해하였다. 그러고 나서 신릉군은 진비의 군사를 이끌고 조나라를 도와 진나라 군대가 물러나는 데 기여하였다.

조나라 왕은 신릉군이 위나라 왕의 명령이라고 거짓으로 꾸며 진비의 군사를 빼앗아 조나라를 구원해 준 것을 고맙게 생각해 성 다섯 곳을 신릉군에게 주려고 하였다. 신릉군이 이 이야기를 듣자 문득 교만한 생각이 들어 공을 자랑하는 모습을 보였다. 그러자 빈객 중 한 사람이 신릉군에게 이렇게 말하였다.

"세상에는 잊어서 안 될 일이 있고, 또 잊지 않으면 안 될 일이 있습니다. 남이 공자에게 베푼 것은 공자께서 잊어서는 안 됩니다. 그러나 공자께서 남에게 베풀었을 때는 부디 그것을 잊으십시오. 이번에 공자께서는 위나라 왕의 명령이라고 속여 진비의 군사를 빼앗아 조나라를 구원하였습니다. 이는 조나라에는 공이 되겠지만, 위나라에는 충신이라 할 수가 없습니다. 그런데 교만한 생각에서 공로를 자랑하려 하시니 그것은 공자로서 취할 태도가 아닌 듯합니다."

이 말을 듣자 신릉군은 부끄러워서 몸둘 바를 몰랐다.

자랑은 선심으로 쌓은 덕을 갉아먹는다. 신릉군의 사례에서 알 수 있듯이, 남에게 베푼 선심이나 선의를 자랑스럽게 밖으로 내보이는 것은 교만한 생각이 자리 잡았기 때문이다. 이러한 사람은 신뢰를 얻을 수 없다. 인색하면 신뢰를 얻을 수 없다는 사실은 이제 분명해졌다. 백 마디 말보다는 한 번의 행동이 다른 사람의 마음을 움직일 수 있다. 인색하여 다른 사람의 신뢰를 얻지 못하는 사람이라면 마음에 새겨 둘 만한 좋은 말이 『노자도덕경』에 나와 있다.

> 성인은 자기를 위해 쌓아 놓지 않는다. 본래 남을 위하여 모두 주면 도리어 있는 것이 더욱 나아지고, 남을 위하여 모두 베풀다 보면 도리어 점점 더 많게 된다. 하늘의 도는 오직 만물을 이롭게만 하고 피해를 입히지 않으며, 성인의 도는 오직 남을 위하여 베풀기만 하고 다투지 않는다.

2_ 인정(認定)

가끔 신호 위반이나 불법 유턴을 하다가 경찰에 잡힐 때가 있다. 10여 년 전 수원에 있는 한 호텔에서 중요한 약속이 있었다. 시간이 촉박하여 급하게 가다가 경찰이 있는 줄도 모르고 불법 유턴을 하고 말았다. 경찰에게 딱 걸렸다. 당황스럽고 속상했다. 그러나 함정 단속이라느니, 눈에 안 띄는 곳에 숨어 있다가 나와서 잡으면 되겠느냐며 따져봤자 본인만 손해다. 이럴 때는 경찰의 권위와 범칙 사실을 깨끗이 인정하고 선처를 호소하는 편이 훨씬 낫다. 운전 면허증을 달라는 경찰에게 나는 순순히 면허증을 건네며 다음과 같이 말했다.

"죄송합니다. 호텔에서 중요한 약속이 있는데 늦어서 어쩔 수 없었습니다. 죄송합니다."

사실 내가 경찰에게 죄송할 것은 없다. 다만 경찰의 권위를 인정해 준 것이다. 그런데 그 순간 놀라운 반전이 일어났다. 경찰이 이렇게 물었다.

"죄송하지만 무슨 일을 하시는지요?"

내가 갑작스러운 질문을 받고 머뭇거리자 경찰이 이어서 말했다.

"선생님, 중요한 일 때문에 어쩔 수 없었던 점 이해합니다. 오늘은 그냥 가십시오."

고전에도 이와 비슷한 사례가 등장한다.

예양豫讓은 진晉나라 사람이다. 일찍이 범씨와 중항씨를 섬기고 있었는데, 명성이 오르지 않자 다시 지백智伯을 섬기게 되었다. 지백은 그를 매우 존경하고 사랑하였다. 지백이 조양자趙襄子를 치자, 조양자는 한씨 · 위씨와 공모하여 지백을 멸하고 그 자손을 헤쳐 땅을 셋으로 분할하였다. 그 후 조양자는 지백을 몹시 원망하여 지백의 두개골에 옻칠을 하여 커다란 술잔으로 사용하였다. 예양은 산중으로 도망쳐 혼자 이렇게 다짐하였다.

'아, 선비는 자기를 알아주는 자를 위해서 죽고, 여자는 자기를 사랑하는 사람을 위해서 얼굴을 단장한다고 하였다. 지백은 진실로 나를 알아주었다. 나는 어떻게 해서라도 지백을 위해 원수를 갚은 다음 죽어서 지백에게 알리리

라. 그러면 내 혼백도 부끄러울 것이 없으리라.'

그리하여 예양은 이름을 바꾸고 죄인들 무리에 끼어서 궁중에 들어가 화장실 벽을 바르는 일을 하면서 조양자를 해칠 기회를 엿보았다. 양자가 화장실에 가면서 어쩐지 느낌이 이상하여 벽을 바르는 죄수들을 심문하였더니 품속에 비수를 숨긴 예양이 있었다. 예양은 붙잡히자 "지백을 위해 원수를 갚으려고 하였소." 하고 자백하였다. 좌우에 있는 자가 죽이고자 하였으나 양자가 "의로운 자다. 나만 조심해서 피하면 그만이다. 지백을 멸하여 자손도 없는데 옛날 신하였다고 복수하려는 것을 보니 천하의 현인이다." 하고 말려 그는 석방되었다.

얼마 뒤에 예양은 또다시 복수를 위해 몸에 옻칠을 하여 나병을 가장하고 벌건 숯을 먹어 목소리도 바꾸었다. 이처럼 예양은 아무도 알아보지 못하도록 모습을 바꾸어 시중에 나가 걸식을 하였다. 아내조차 알아볼 수 없었으나 마침 길을 가던 친구가 그를 알아보았다.

"자네 예양이 아닌가?"

예양이 대답하였다.

"그렇네."

친구는 울면서 말하였다.

"자네만한 재능으로 예물을 바치고 양자 신하가 되면 양자는 틀림없이 자네를 가까이하고 총애할 걸세. 그런 뒤에 자네가 하고 싶은 일을 하면 오히려 손쉽지 않은가? 몸을 망치고 모습을 추하게 하면서까지 조양자에게 원수를 갚으려 하다니 이 얼마나 어리석은 일인가!"

그러자 예양은 이렇게 말하였다.

"예물을 바치고 신하가 되어서 그 주인을 죽이려고 한다면 두 마음을 품는 것이 되네. 지금 내가 하고 있는 일은 매우 견디기 어려운 고통이지만 그렇게 하지 않을 수 없는 것은, 천하 후세에 남의 신하가 되어서 두 마음을 품고 주인을 섬기는 자들로 하여금 수치를 느끼도록 하려는 것이네."

그 뒤 양자가 외출할 때 예양은 양자가 지나갈 다리 아래에 숨어 있었다. 양자가 다리에 이르자 말이 놀라서 뛰었다. 양자가 "이는 틀림없이 예양이리라."라고 말해 다리 밑을 수색하였더니 과연 예양이 있었다. 양자는 예양을 이렇게 꾸짖었다.

"그대는 일찍이 범씨 · 중항씨를 섬기지 않았는가? 지백은 그 두 사람을 다 멸하였다. 그런데 그대는 그를 위해 복수하지 않더니 도리어 예물을 바쳐 지백을 섬겼다. 그런데 그 지백이 죽고 나서는 어찌하여 지백을 위해서만 이토록 끈질기게 복수하려 드는가?"

예양이 말하였다.

"나는 범씨와 중항씨를 섬겼으나 그 두 사람은 모두 나를 평범한 사람으로 대하였소. 따라서 나도 그들을 평범한 사람으로 대한 것이오. 그러나 지백은 나를 뛰어난 선비로 귀하게 대우하였소. 그래서 보답하려는 것이오."

양자는 한숨을 쉬며 눈물까지 흘렸다.

"아, 예자豫子여! 그대가 지백을 위한 명분은 이미 성취된 셈일세. 그렇지만 내가 그대를 용서해 주는 것도 이제는 충분히 할 만큼 하였다네. 그대는 스스로 계책을 세우기를 바라네. 나도 더 이상 용서할 수 없다네!"

그리고는 군사에게 명령하여 그를 포위토록 하였다. 그러자 예양이 말하였다.

"신이 듣건대 현명한 군주는 다른 사람의 아름다운 이름을 덮어 숨기지 않으며,

충신은 명분을 위해 죽는 것을 의롭게 여긴다 하였소. 지난번 군주께서 나를 관대히 용서한 일로 천하에 왕의 어짊을 칭찬하지 않는 자가 없소. 오늘 일로 나는 두말없이 죽음 앞에 머리를 바치겠소. 그러나 다만 바라는 것은 당신 옷을 얻어 그것만이라도 베어 보고 싶소. 내가 지금 감히 바랄 수 있는 것이 아님을 알지만 숨겨진 본심을 말하는 것이오!"

양자는 이에 크게 마음이 움직여 사람을 시켜 옷을 가져오도록 하여 예양에게 주었다. 예양은 칼을 뽑아 세 번을 뛰어오르며 옷을 베었다. 그리고 소리쳤다.

"나는 비로소 지백에게 말할 수 있게 되었다!"

그리고는 마침내 칼에 엎어져 자결하였다. 이날 조나라의 뜻있는 선비들은 이 말을 전해 듣고 모두 눈물을 훔쳤다.

인정은 이만큼 대단한 것이다. "범씨와 중항씨는 모두 나를 평범한 사람으로 대했으나 지백은 나를 뛰어난 선비로 귀하게 대우하였소."라는 말속에 인정의 효력이 잘 나타나 있다.

섭정攝政은 한韓나라 지읍 심정리 사람이었다. 그는 사람을 죽인 일이 있어 원수를 피해 어머니, 누나와 함께 제나라로 가서 백정이 되어 생계를 꾸리고 있었다. 오랜 세월이 흐른 뒤에 위衛나라 복양 사람인 엄중자가 한나라 애후에게 발탁되었으나, 한나라 재상 협루와 사이가 나빴다. 엄중자는 죽음을 당할 것이 두려워 여러 읍으로 도망을 다니면서 협루에게 보복할 인물을 찾다가 제나라에 이르렀다. 제나라의 어떤 사람이 중자에게 이렇게 일러 주었다.

"섭정이란 용감한 사나이가 있는데 원수를 피해 백정들 사이에서 숨어 살고 있지요."

엄중자는 그 집을 찾아가 교제를 청하고 자주 왕래한 뒤에 술을 가지고 가서 섭정의 어머니에게 잔을 권하였다. 술이 취할 즈음에 엄중자는 어머니의 장수를 축복하고 공손히 황금 100일鎰, 무게 단위로 1일은 24냥에 상당한다. 한 냥은 열 돈에 해당한다을 바쳤다. 섭정은 너무 엄청난 예물에 놀라 괴이쩍게 생각하며 굳이 사양하였다. 엄중자가 막무가내로 그것을 바치려고 하자 섭정이 사양하며 이렇게 말하였다.

"내가 비록 가난하여 객지에 나와서 도살하는 일로 구차하게 생계를 이어가고 있으나, 나에게 다행히 늙은 어머니가 계시기에 아침저녁 밥상에는 맛있고 연한 것을 차려 어머니에 대한 효도를 하고 있으니 당신의 뜻은 고맙지만 받지 않겠습니다."

엄중자는 사람을 멀리하고 섭정에게 말하였다.

"나에게는 원수가 있소. 제후의 나라를 여기저기 다니다가 제나라에 와서 당신이 의기가 높다는 말을 들었소. 황금 100일을 드린 것은 어머니를 봉양하는 비용으로 쓰라는 것뿐이오. 서로 친교를 더하자는 것뿐 다른 뜻은 없습니다."

그러자 섭정은 이렇게 말하였다.

"내가 뜻을 바꾸고 몰락하여 시정에서 도살을 직업으로 삼고 있는 것은, 다만 어머니를 돌보기 위한 것이오. 노모가 살아 계신 동안 나의 몸을 남에게 바칠 수는 없습니다."

섭정은 아무리 엄중자가 권하여도 끝내 예물을 받지 않았다. 그러나 엄중자는 최후까지 주객의 예를 다하고 떠나갔다. 그 후 어머니가 죽어 장사를 마치고 상복을 입는 기간이 모두 끝나자 섭정은 이렇게 말하였다.

"아! 나는 시정에서 도살을 하는 천한 몸이고, 엄중자는 제후국 대신이요, 재상이다. 그런데도 엄중자는 천 리를 마다하지 않고 나를 찾아와 교제하였는데, 나는 그를 너무 냉대하였다. 또한 아무런 힘도 써 주지 않았는데 황금 100일을 바쳐 어머니의 장수를 축복하였다. 돈은 굳이 받지 않았지만 그만큼 나를 알아준 것은 틀림없다. 대체 그토록 어진 사람이 눈을 흘겨 원수를 원망하고, 나 같은 시골 촌놈을 믿어 주는데 어찌 나 홀로 그대로 있을 수 있겠는가. 지난날 엄중자가 나를 필요로 하였을 때 나는 다만 노모를 위해 응하지 않았다. 이제 노모가 돌아가셨으니 나를 알아주는 자를 위해 나를 아낌없이 쓰리라."

마침내 섭정은 서쪽 위衛나라 도읍 복양으로 가서 엄중자를 만나 이렇게 말하였다.

"지난날 당신에게 몸을 바치지 않은 것은 다만 어머니가 살아 계셨기 때문입니다. 안타깝지만 이제 어머니께서는 천수를 누리시고 돌아가셨습니다. 당신이 원수를 갚겠다고 한 그 자는 누구입니까? 청하건대 제가 할 일을 알려 주십시오!"

그러자 엄중자가 즉석에서 사정을 고백하였다.

"내 원수는 한나라 재상 협루요. 그는 한나라 왕의 막내 숙부가 되며, 일족이 번성하여 수가 많고, 거처에는 경비가 대단히 엄중하오. 나는 사람을 시켜 그를 해하려고 하였으나 저쪽이 워낙 수가 많아서 끝내 목적을 이루지 못하였소. 그대가 다행히 나를 버리지 않고 원수 갚는 일을 맡아 준다면 수레와 말 그리고 장사를 그대에게 도움이 될 만큼 충분히 마련해 주도록 하겠소."

섭정이 대답하였다.

"한나라와 위나라는 그다지 먼 거리가 아닙니다. 이제 다른 나라 재상을 이기려고 하는데 그 재상이 또 국왕의 친척이라고 하면 한꺼번에 많은 사람을 써서는 안 됩니다. 사람이 많으면 그중에 두 마음을 품는 사람이 있을 수 있으며, 만약 배반하는 자가 나오면 그 입에서 비밀이 새어 나갈 수밖에 없습니다. 일이 탄로가 나게 되면 한나라는 온 나라를 꾀어 그대를 적으로 대할 것이니 매우 위험해집니다."

그리하여 섭정은 수레와 말, 장사의 동행을 사양하였다. 섭정은 작별 인사를 하고 단신으로 출발하여 칼을 지팡이로 삼아 한나라에 도착하였다. 재상 협루는 관청에 앉아 있었는데 무기를 가진 호위병이 매우 많았다. 섭정은 들어서자마자 곧 계단으로 뛰어올라 협루를 해하였다. 좌우에 있던 자들이 크게 소동하자, 섭정은 고함을 지르면서 수십 명을 함께 해하였다. 그리고는 자해하여 마침내 숨을 거두고 말았다.

사람이라면 누구나 존중받고 싶은 욕구가 있다. 섭정도 비록 천한 백정이었지만 당연히 존중받고 싶은 욕구가 있었다. 그런데 나라의 재상까지 지낸 귀한 자가 찾아와 자신을 인정해 주니 어찌 감동받지 않을 수 있었겠는가? 엄중자는 섭정을 인정하고, 그를 귀하게 대접했다. 그는 섭정을 설득하기 위해 긴말을 하지 않았다. 그를 인정함으로써 신뢰를 얻었고, 신뢰가 그를 설득한 것이다. 섭정의 말을 다시 한 번 보자.

아! 나는 시정에서 도살을 하는 천한 몸이고, 엄중자는 제후국 대신이요, 재상이다. 그런데도 엄중자는 천 리를 마다하지 않고 나를 찾아와 교제하였는데, 나는 그를 너무 냉대하였다. 또한 아무런 힘도 써 주지 않았는데 황금 100일을 바쳐 어머니의 장수를 축복하였다. 돈은 굳이 받지 않았지만 그만큼 나를 알아준 것은 틀림없다. 대체 그토록 어진 사람이 눈을 흘겨 원수를 원망하고, 나 같은 시골 촌놈을 믿어 주는데 어찌 나 홀로 그대로 있을 수 있겠는가. 지난날 엄중자가 나를 필요로 하였을 때 나는 다만 노모를 위해 응하지 않았다. 이제 노모가 돌아가셨으니 나를 알아주는 자를 위해 나를 아낌없이 쓰리라.

청소년 범죄는 어느 나라에서나 심각한 문제다. 인생을 막 시작하려는 그들이 범죄로 인해 잘못된 길로 들어서면 개인의 인생 전체가 망가지는 것뿐만 아니라 나라의 장래에도 도움이 되지 않는다. 범죄를 줄이는 전통적인 방식은 더욱 엄격한 법을 만들고, 범죄자들에게 더 높은 형량을 선고하며, 범죄에 대해 무관용 법칙을 적용하는 것이었다.

그러나 리치몬드의 한 경찰서 책임자로 부임한 워드 클래펌Ward Clapham이라는 젊은 경찰은 이러한 전통적인 방식에 의문을 제기했다. 그는 청소년 범죄율을 낮추려면 그들의 행동을 변화시켜야 한다고 주장했다. 그가 생각하기에 이것은 형량을 강화한다고 해결할 수 있는 문제가 아니었다. 워드 클래펌은 어떤 방법으로 이 문제를 해결했을까? 다음은 그렉 맥커운Greg Mckeown이 쓴 『에센셜리즘』에 나오는 내용이다.

워드 클래펌은 '범죄가 발생하기 전에 범죄 발생 가능성을 차단하는 데 경찰력을 쓴다면 어떻게 될까?', '이미 발생한 범죄뿐 아니라 범죄 원인에 대해서도 관심을 갖는다면 어떻게 될까?' 하고 질문했다. 이러한 질문과 고민의 결과로 워드 클래펌은 '칭찬 통지서'라는 것을 고안해 냈다. 이는 범죄를 저지르는 청소년들을 붙잡는 데 역량을 집중하는 게 아니라, 좋은 일 — 쓰레기를 쓰레기통에 제대로 버리는 행위, 오토바이를 타면서 헬멧을 착용하는 행위, 지정한 장소에서 스케이트보드를 타는 행위, 제시간에 학교에 출석하는 행위 등 — 을 하는 청소년들을 찾아내 그들에게 칭찬 통지서를 발부하는 프로그램이었다.

칭찬 통지서에는 벌금 대신에 상을 주었는데, 이 통지서를 제출하면 영화관에 무료로 입장하거나 피자를 무료로 먹을 수도 있고, 지역청소년센터에서 주최하는 행사에 입장권으로 사용할 수도 있었다. 이렇게 함으로써 청소년들을 길거리가 아닌 긍정적인 장소로 유도하여 범죄에서 멀어지게 하는 효과까지 거둘 수 있었다.

그 결과는 놀라웠다. 칭찬 통지서 프로그램을 운영하고 10년이 지나면서 60퍼센트를 넘던 청소년 재범률이 8퍼센트로 떨어졌다.

사람은 누군가에게 인정받는다는 생각이 들면 기분이 좋아진다. 특히 아직 덜 성숙한 청소년들에게 이것은 행동을 바꿀 만한 충분한 동기부여로 작용할 수 있다. 워드 클래펌은 이 점에 착안하여 '칭찬 통지서'라는 것을 고안해 냈다. 그리고 이것은 그들의 행동을 인정하고, 부상까지 제공함으로써 그들이 행동을 바꾸도록 유도하는 설득 효과를 톡톡히 보여 줬다. 상대를 인정한다는 것은 이처럼 상대방의 생각이나 견해를 이해하는 것이다. 상대를 비난하면서 설득할 수는 없다.

3_ 관용(寬容)

오吳나라 왕은 원앙袁盎을 장군으로 삼고자 하였으나, 그가 말을 듣지 않자 죽여 없애려고 도위 한 사람에게 군사 500명을 거느리고 원앙을 감시하도록 하였다.

한편 이에 앞서 원앙이 오나라 재상으로 있을 무렵, 그의 속관 종사從史 중 한 사람이 원앙의 시녀와 밀통한 일이 있었다. 그때 원앙은 사실을 알고 있으면서도 아는 체하지 않고 전과 다름없이 대우해 주었다. 그런데 누군가가 종사에게 말하였다.

"재상께서 자네가 시녀와 밀통하고 있는 것을 알고 계신다네."

이 말을 듣자 그는 고향으로 달아났다. 그것을 안 원앙은 직접 말을 달려 뒤쫓아 그를 데리고 돌아왔다. 그리고 자기 시녀를 그에게 보내 주고 그 종사를 전처럼 지내게 하였다.

그런데 원앙이 오나라에 사신으로 가서 포위되어 감시당하고 있을 때, 공교롭게도 이번에는 교위사마校尉司馬가 되어 있던 그 종사가 원앙을 감시하게 되었다. 그는 가지고 있던 옷가지와 물건들을 몽땅 팔아 독한 술 두 섬을 사 왔다. 마침 날씨가 무척 추운 때였고, 사졸들은 굶주리고 목말라 있었다. 그런 사정에 교위사마가 술을 내주자 사졸들은 모두 취하도록 마시고 잠들었다. 밤이 깊어지자, 사마는 원앙을 깨워 말하였다.

"어서 달아나십시오. 왕은 내일쯤 상공을 죽일 것입니다."

원앙은 이런 상황이 믿어지지가 않아서 그에게 물었다.

"당신은 누구요?"

사마가 답했다.

"소인은 전에 종사로 있던 사람으로 상공의 시녀와 밀통했던 자입니다."

그러자 원앙은 놀라며 거절하였다.

"그대는 양친이 살아 계시지 않는가? 나로 인해 그대에게 누를 끼칠 생각은 없네."

종사는 재촉하였다.

"상공께서는 달아나시기만 하면 됩니다. 저도 도망쳐 양친을 피신하도록 하면 될 텐데 무슨 걱정을 하십니까?"

사마는 칼로 군막을 찢어 벌리고 취해 잠들어 있는 사졸들 틈을 누비며 원앙을 인도하여 서남쪽 모퉁이를 빠져나온 다음, 서로 반대 방향으로 달아났다.

『여씨춘추』에도 평소 관용을 베풀어 위기의 순간에 도움을 받은 진목공秦穆公 이야기가 나온다.

옛날에 진秦나라 목공穆公이 수레를 몰다가 수레가 부서졌는데, 수레를 끌던 말 한 마리가 달아나자 어느 시골 사람이 이를 잡아갔다. 목공이 몸소 말을 되찾으러 갔다가 시골 사람이 기산岐山의 남쪽 기슭에서 말을 잡아서 막 먹으려는 모습을 보았다. 목공이 탄식하여 말하였다.

"준마의 고기를 먹고서 빨리 술을 마시지 않으니, 나는 말고기가 그대의 몸을 상하게 하지나 않을까 걱정되오."

그러고는 빠짐없이 두루 술을 마시게 하고는 돌아갔다.

그로부터 일 년이 지나 한원韓原에서 전투가 벌어졌는데, 진晉나라 군대가 이미 목공의 수레를 포위했고, 진량유미晉梁由靡는 목공 왼쪽 곁말의 고삐를 이미 낚아챈 상태였다. 진나라 혜공惠公의 거우車右인 노석路石이 창을 휘둘러 목공의 갑옷을 치니, 그의 갑옷에서 떨어져나간 비늘이 이미 여섯 조각이나 되었다. 이때 기산의 남쪽 기슭에서 말고기를 먹었던 시골 사람을 비롯한 그의 족속 3백여 명이 목공을 위하여 그의 수레 아래서 힘껏 싸웠다. 마침내 그 무리가 진나라 군대를 이기고 혜공을 잡아서 돌아왔다.

이것이 바로 『시경』에서 말하는 바, "군자에게 임금 노릇을 하려면 올바르게 함으로써 덕을 행하고, 천한 사람에게 임금 노릇을 하려면 관대하게 함으로써 그들의 힘을 다하게 한다."는 것이다. 임금이 어찌 덕을 행하고 백성을 아끼는 데 힘쓰지 않을 수 있겠는가? 덕을 행하고 백성을 아끼면 백성들이 그들의 임금을 어버이로 여기고, 모두가 그들의 임금을 위하여 기꺼이 목숨을 바친다.

관용은 유연성과 관계가 있다. 원칙과 법을 지키는 것도 중요하지

만, 유연성 있는 관용이 설득력을 발휘할 때가 많다. 재상의 시녀와 밀통한 부하라면 엄하게 다스렸을 법도 한데, 원앙은 유연성을 발휘하여 그를 용서했다. 왕의 말을 잡아먹은 경우는 또 어떠한가. 상상이나 할 수 있겠는가. 그러나 목공은 오히려 술을 사 먹이는 관용을 베풀었다. 유연한 태도는 감정적인 자극에 휩싸이지 않고 이성적으로 대처하도록 한다.

박해용이 쓴 『역사에서 발견한 CEO 언어의 힘』이라는 책에는 유연성이 돋보이는 간디 이야기가 나온다. 비폭력 저항운동을 시도하여 마침내 인도의 독립을 이끈 간디는 정치적 독립 못지않게 경제적 독립이 중요하다는 사실을 알고 있었다. 그는 가는 곳마다 사람들에게 섬유 생산을 자급자족해야 한다고 강조하였다. 당시 인도는 대부분 영국에서 들어오는 면제품을 사용하고 있었는데, 간디는 이러한 경제적 종속이 계속되는 한 진정한 독립은 불가능하다고 보았다. 어느 날 간디가 면섬유의 자급자족을 강조하고 있는데, 청중 가운데 한 사람이 갑자기 소리를 질렀다.

"답답한 소리는 그만 집어치우고 차라리 스스로 목이나 매시오!"

그러자 간디는 화를 내지 않고 침착하게 대답했다.

"그것도 괜찮은 생각입니다. 그러나 우선 우리가 목을 매는 데 필요한 끈을 생산한 다음에나 할 일이지요."

어떤가? 자신을 비난하는 소리에 화를 낼 법한 상황에서도 유머로 받아치는 간디의 유연성이 부럽다.

4_ 신의(信義)

신의란 무엇일까? 신의가 무엇인지 단적으로 보여주는 사례를 보자.

증자의 아내가 시장에 가는데, 그 아들이 따라오며 울자 이렇게 말했다.

"너는 돌아가거라. 시장에서 돌아오면 너에게 돼지를 잡아 주마."

증자의 아내가 마침 시장에서 돌아왔을 때, 증자가 돼지를 잡으려고 했다. 그러자 그의 아내는 만류하며 말했다.

"단지 아이를 달래려고 한 말일 뿐입니다."

증자가 말했다.

"아이는 거짓말 상대가 될 수 없소. 아이는 지식이 없으므로 부모에게 기대어 배우고, 부모의 가르침을 듣소. 지금 아이를 속이면, 이것은 아이에게 거짓말을 가르치는 것이오. 어머니가 아들을 속이면 아들은 그 어머니를 믿지 않을 것이오. 이것은 자식을 올바로 가르치는 방법이 아니오."

그러고는 돼지를 잡아 삶았다.

또 다른 사례도 있다.

위魏나라 문후文侯가 우인사냥터를 돌보는 관리과 사냥을 가기로 약속해 놓고 있었다. 마침 그날 잔치가 벌어져 즐거운 데다가 비까지 내리고 있었다. 그런데도 문후가 나가려고 하자 좌우가 물었다.

"오늘 주연이 이렇게 즐겁고 비까지 내리는데 공께서는 그래도 나가시려고 합니까?"

문후는 이렇게 대답했다.

"내가 우인과 사냥을 약속하였는데 노는 것이 더 즐겁다고 하더라도 어찌 한 번 맺은 약속을 저버릴 수 있겠는가?"

그러고는 몸소 나서서 우인에게 사냥 약속을 미루고 돌아왔다. 위나라는 이때부터 강성해지기 시작했다.

–『전국책』

증자의 아내는 시장을 쫓아오는 아들을 돌려보내기 위해 그 순간을 모면하려는 계책으로 돼지를 잡아 주겠다는 약속을 했다. 이런 약속은 대개 건성으로 하는 것이라 바로 잊어버리게 마련이다. 그러나 증자는 결국 돼지를 잡았다.

또한 위나라 문후가 사냥터 관리인과 한 약속은 왕의 입장에서 볼 때 하찮은 것일 수도 있다. 이런 경우 신하를 시켜 비가 와서 사냥 약속을 뒤로 미루겠다고 전해도 될 것이다. 그러나 문후는 손수 찾아가서 약속을 미루고 왔다. 약속을 지키는 것이 얼마나 중요한 일인지 알고 있는 사람인 것이다. 그 이후부터 위나라가 강성해졌다고 하니 신뢰가 갖는 힘이 얼마나 위대한지 알 수 있다. 사실 신뢰는 작은 일로 얻을 수도 있고, 작은 일로 잃을 수도 있다.

한 번은 이런 일이 있었다. 같이 점심을 먹기로 한 사람에게 전화했더니 깜박했다며 준비할 시간을 달라고 했다. 나는 거의 50분째 기다리고 있었다. 섭씨 30도를 오르내리는 뙤약볕에서 기다려 본 사람은 안다. 그 시간이 얼마나 고역인지. 자동차의 에어컨을 켜고 기다리다가 시동을 끄고 창문을 열고, 다시 에어컨을 켰다 끄고, 이것을 여러 번 반복한 뒤에야 약속한 사람이 나왔다. 그런데 그가 뒤늦게 나타나서 한다는 말이 더욱 가관이었다.

"어쩌죠? 깜박하고 밥을 먹었는데."

또 이런 경우도 있었다. 오후 2시에 친구와 어딘가를 같이 가기로 약속을 했는데 아무리 전화를 해도 받지 않았다. 급한 마음에 사무실로 찾아갔더니 출장을 갔다고 했다. 휴대전화로 했을 때는 받지 않더니 사무실 전화로 했더니 그제야 받으며 한다는 말이 "미안하다. 급한 일이 있어서 밖에 나왔어."란다. 미리 전화해 주면 안 되는 것이었을까? 물론 불가피한 경우일 수도 있다. 그러나 이처럼 작은 행동으로 신뢰를 잃을 수도 있다는 사실은 모르는 것 같다. 특히 비즈니스를 하는 사람이라면 약속은 생명과도 같다. 그 친구는 얼마 못가 사업을 접었다. 이처럼 사소한 약속을 어겨 자리에서 쫓겨난 왕도 있다. 『사기』의 〈세가〉 편에 나오는 이야기다.

본래 제齊나라 양공은 연칭과 관지보로 하여금 규구라는 변방에서 국경을 수비하도록 했는데, 그 기간은 오이가 익을 때쯤 갔다가 그다음 해 오이가 익을 때쯤 교대하는 것이었다. 그러나 일 년이 되어 오이가 익을 때가 지났는데도 양공은 교대할 군사를 보내지 않았다. 어떤 사람이 그들을 위해서 교대해 줄 것을 청하였으나 양공은 허락하지 않았다. 결국 이 두 사람은 노여워하여 공손무지를 통하여 반란을 도모했다. 연칭에게는 궁녀로 있으면서 총애를 받지 못한 사촌 누이동생이 있었는데, 연칭은 그녀를 시켜 양공의 상황을 살피게 하였다.

"일이 성공하기만 하면 너는 공손무지의 부인이 된다."

12월 초에 양공은 고분姑棼에 놀러 갔다가 패구沛丘, 제나라 읍 이름까지 사냥을 나갔다. 그의 시종이 멧돼지를 보고 말했다.

"팽생입니다."

양공이 노여워하여 멧돼지를 쏘니, 멧돼지가 사람처럼 서서 울었다. 양공은 일순 두려움을 느끼며 수레에서 떨어져 발을 다치고 신발도 잃어버렸다. 무지, 연칭, 관지보 등은 양공이 상처를 입었다는 소식을 듣고 곧 그들의 무리를 이끌고 궁을 습격하여 마침내 양공을 시해하고, 공손무지는 제나라 임금이 되었다.

왕의 생각에는 변방 국경을 수비하는 것이 사소한 일일 수도 있다. 그러나 국경을 수비하기 위해 멀고 낯선 곳에서 가족과 떨어져 지내야 하는 당사자들에게는 모든 것이 힘들고 불편하게 마련이다. 그래도 연칭과 관지보는 '일 년만 버티면 되니까 조금만 참자.'라는 마음으로 기다렸을 것이다.

그런데 일 년이 지나도 교대해 주지 않으니 그들은 마음이 상했다. 임금에게는 사소한 일일지 모르지만, 연칭과 관지보에게는 얼마나 기다리던 일인가. 결국 양공은 약속을 지키지 않아 왕위까지 빼앗겼다. 반면 약속을 잘 지켜 주변의 신뢰를 얻고, 큰 이득을 본 왕도 있다.

진나라 문공은 원이라는 곳을 공격하기로 했을 때, 열흘 분의 식량을 준비시키면서 대부들과는 열흘 안으로 함락하기로 기한을 정했다. 그러나 원에 이른 지 열흘이 지났지만 함락하지 못하자, 문공은 종을 쳐서 병사를 물러나게 한 뒤 거두어 떠나려고 했다. 그때 원나라 병사가 성에서 나와 이렇게 말했다.

"원은 사흘이면 함락됩니다."

주위에 있는 신하들이 간언했다.

"원은 식량이 떨어지고 힘이 다했습니다. 주군께서는 잠시만 기다리십시오."

그러자 공이 말했다.

"나는 대부들과 열흘을 기한으로 정했는데, 함락하지 못했다고 해서 떠나지 않는다면 신의를 잃게 될 것이오. 나는 원을 얻으나 신의를 잃는 일은 하지 않겠소."

문공은 마침내 병사를 거두어 떠났다. 원나라 사람들은 이 소식을 듣고 말했다.

"그와 같이 신의가 있는 군주라면 항복하지 않을 수 있겠는가?"

그리고는 문공에게 항복했다. 위나라 사람들이 이 소식을 듣고 말했다.

"그와 같이 신의가 있는 군주라면 따르지 않을 수 있겠는가?"

그러고는 문공에게 항복했다.

공자가 이 소식을 듣고 이렇게 기록했다.

"원을 공격해 위나라까지 얻은 것은 신의가 있었기 때문이다."

―『한비자』

진나라 문공의 처사는 어찌 보면 고지식하고 융통성이 없어 보인

나라로 달려올 것입니다."

소왕이 물었다.

"그렇다면 제가 누구를 먼저 찾아보는 게 좋겠습니까?"

곽외는 이렇게 비유를 들었다.

"제가 옛날이야기를 하나 하지요. 옛날에 어떤 임금이 1천금으로 천리마를 구하려 하였지만 3년이 되도록 구하지 못하였습니다. 그때 궁중 청소를 하는 자 하나가 임금에게 나타나 '청하건대 제가 구해 오겠습니다.' 하더라는 것입니다. 왕이 그를 보냈더니 과연 석 달 만에 천리마를 구하였습니다. 그러나 그 말은 죽은 말이었는데도 그 자는 5백금에 말의 머리를 사서 돌아와 임금에게 보고하더랍니다. 임금은 크게 노하여 꾸짖었습니다. '내가 구하는 것은 산 말이요, 죽은 말을 어찌 5백금이나 주고 사 왔단 말이오?' 그러자 그자의 대답은 이러하였습니다. '죽은 말도 5백금이나 주고 사는데, 하물며 살아 있는 말이야 어떻겠습니까? 천하가 틀림없이 대왕은 말을 살 줄 안다고 여기고 이제 곧 좋은 말들이 모여들 테니 두고 보십시오.' 과연 일 년이 지나지 않아 천리마가 세 필이나 들어왔습니다. 지금 대왕께서 진실로 선비를 모으고 싶거든 저로부터 시작하십시오. 저 같은 자도 섬김을 받는다면 하물며 저보다 어진 자들이 가만히 있겠습니까? 어찌 천 리를 멀다 하겠습니까?"

이에 소왕은 곽외 선생을 위해 집을 지어 주고 스승으로 모셨다. 그로부터 과연 악의가 위나라에서, 추연이 제나라에서, 극신이 조나라에서 찾아들고, 숱한 선비들이 다투어 연나라로 몰려들었다.

연왕이 죽은 자를 조문하는 일이나 백성의 생활을 빈틈없이 살피며 백성들과 고락을 같이하기를 28년 만에 나라는 부강해지고, 군대는 안락하면서도 싸움을 두려워하지 않는 정신을 갖게 되었다. 이에 연나라는 악의를 상장군으로 삼고, 진 · 초 · 삼진 등과 연합하여 제나라를 토벌하였다. 제나라는 과연 대패하여 민왕은 도망하였다. 연나라는 홀로 패병을 추격하여 제나라 서울 임치를 점령하여 나라의 보물을 탈취하고, 궁전과 종묘를 불살라 버렸다. 제나라 성들 중에 무너지지 않은 곳은 두 곳뿐이었다.

– 『전국책』

굳이 몸을 낮추지 않아도 될 때 낮추는 것이 겸손이다. 그래야 능력 있는 사람들을 주변에 모을 수 있다. 사람들에게 영향력을 끼치는 리더가 되려면 본인의 능력도 중요하지만 주변에서 돕는 사람들의 능력 역시 중요하다. 리더는 이러한 능력자들을 잘 관리하고, 이들에게 동기를 부여하여 행동하도록 만드는 능력이 있어야 한다.

곽외가 소왕에게 했던 말 가운데 "의자에 앉아 거드름이나 피우고 눈을 부라리면서 일만 시키면 그저 마구간 잡역부 정도나 찾아오겠지요. 미워하고 분격하며 방자하고 핑계 대며 꾸짖기만 할 줄 아는 자에게는 노예들이나 겨우 찾아오는 법입니다."라고 한 말을 보라. 교만하고 힘으로 사람들을 제압하려는 자에게는 사람이 붙지 않는다.

또한 "대왕께서 진실로 나라 안의 현자를 널리 선택하시려거든 먼저 그 문하에 몸을 굽혀 찾아가십시오. 왕이 그렇게 겸손히 어진 자를 구한다는 것을 듣게 되면 천하의 선비들이 틀림없이 우리 연나라로 달려올 것입니다."라고 말한 것에서 겸손이 얼마나 중요한지 알 수 있다. 낮은 자세로 사람을 구한 결과 어떻게 됐는가? 28년 만에 나라는 부강해지고, 군대는 안락하면서도 싸움을 두려워하지 않는 정신을 갖게 되었다. 그리고 결국 제나라를 토벌했다.

주周나라 문왕文王이 숭을 정벌할 때, 황봉 언덕에 이르러 대님이 풀리자 직접 매었다. 이를 보고 태공망이 말했다.

"어찌 된 일입니까?"

문왕이 말했다.

"최상 군주 곁에 있는 자는 모두 스승이며, 중등 군주 곁에 있는 자는 모두 친구이며, 하등 군주 곁에 있는 자는 전부 시종들이오. 지금 이곳에 있는 신하들은 모두 선왕의 신하들이기 때문에 이 일을 시킬 수 없는 것이오."

—『한비자』

월越나라 구천은 오나라 부차에게서 크게 패해 치욕을 당한 이후 복수를 위해 절치부심했다. 그는 무엇보다 민심을 얻는 데 주력했는데, 그 방법은 겸손이었다.

직접 밭을 갈아 농사를 짓고, 부인은 직접 길쌈질을 했으며, 음식으로는 고기를 먹지 않았고, 화려한 옷을 입지 않았으며, 몸을 낮추어 어진 사람에게는 겸손하고, 손님을 후하게 접대하며, 가난한 사람을 돕고, 죽은 자를 애도하며, 백성들과 더불어 수고로움을 함께했다.

연나라 소왕, 주나라 문왕, 월나라 구천은 모두 왕의 신분이었으나 겸손을 실천하여 탁월한 리더십을 발휘하였다. 말로써 사람들을 독려하거나 주장할 필요 없이 행동으로 보여주고 신뢰를 얻은 것이다. 그 결과 백성들은 부유해지고 국가는 강성해졌다. 세 사람의 행동을 살펴보면 겸손을 실천하는 구체적인 방법을 알 수 있다.

■ 다른 사람을 자신보다 낫게 여긴다.

· 몸을 굽혀 남을 스승으로 모시고, 제자가 되어 학문을 배우면

· 스스로 몸을 낮추고, 남을 후대해서

· 최상의 군주 곁에 있는 자는 모두 스승이며

■ 다른 사람을 잘 챙긴다.

· 죽은 자를 조문하는 일이나 백성의 생활을 빈틈없이 살피며

· 가난한 사람을 돕고, 죽은 자를 애도하며

· 손님을 후하게 접대하며

■ 솔선수범한다.

· 백성과 고락을 같이하기를 28년

· 직접 밭을 갈아 농사를 짓고, 부인은 직접 길쌈질을 했으며

· 음식으로는 고기를 먹지 않았고, 화려한 옷을 입지 않았으며

· 백성들과 더불어 수고로움을 함께했다

한 중년 남성이 병원에 입원했다. 그는 가슴 통증을 호소했다. 젊은 의사는

환자가 심장마비를 일으킬 위험성은 높지 않다고 판단했다. 남자는 일반 환자실에 입원해 심장박동 모니터를 부착했으며, 간호사가 밤새 모니터를 관찰했다. 아침에 젊은 의사가 병실에 와서 차트를 훑어본 후 몇 분 동안 환자와 대화를 나누었다. 간호사는 의사에게 이렇게 말했다.

"밤 12시 전후에 비정상적인 심장박동이 있었어요. 중환자실로 보내는 게 좋을 것 같아요."

그러자 의사가 말했다.

"환자는 오늘 아침 몸이 나아졌다고 느끼고 있습니다. 비정상적인 심장박동이 조금 있다고 해서 중환자실로 보낼 이유는 없습니다."

"하지만 그냥 놔두면……."

간호사의 말을 가로막고 다시 의사가 말했다.

"당신은 지금까지 얼마나 많은 환자들의 심장 질환을 다뤘나요? 나는 저 환자를 진찰했고, 진단을 내렸습니다. 그러니 당신은 의료 기록이나 작성하도록 하세요."

간호사는 더 이상 아무 말도 하지 않았다. 그녀는 의사에게 도움이 되지 않는 정보를 제공하는 것은 어리석은 행동이라 생각했다. 그리고 의사가 자신의 의견을 무시한 것에 분노를 느꼈다. 의사가 병실에서 나가자 간호사는 환자가 한밤중에 심한 흉통을 느꼈으며, 그 통증 때문에 팔에까지 열이 뻗쳤다는 사실을 떠올렸다.

하지만 간호사는 그 사실을 말할 필요를 느끼지 못했다. 의사가 이미 마음을 굳혔기 때문이다. 그런데 몇 시간 후에 환자의 심장 기능이 멈췄다. 심폐소생팀이 병실에 도착하기까지는 10분이 걸렸다. 환자는 기적적으로 살아났지만 생명 유지 장치에 의존하게 됐다.

겸손이 사라지면 이렇게 사람들 간에 지위를 다투는 일이 벌어진다. 위의 이야기는 하버드 대학교 협상연구소의 다니엘 샤피로Daniel L. Shapiro와 로저 피셔Roger Fisher가 쓴 『원하는 것이 있다면 감정을 흔들어라』에 나오는 것으로, 겸손이 사라지면 어떤 일이 벌어질 수 있는지를 잘 보여주는 사례다. 이 상황은 단지 겸손의 문제만은 아니다. 인정, 관용, 공감과 같은 다른 요소들도 부족함을 알 수 있다. 의사와 간호사가 자신을 내려놓는 겸손만 있었더라도 위험한 상황으로까지 사태를 끌고 가지는 않았을 것이다.

6_ 희생(犧牲)

자기 욕심만 챙기는 사람은 다른 사람들에게 신뢰를 얻을 수 없다. 앞에서 언급한 조나라 장군 조괄이 장평 전투에서 패하며 군사 40만 명이 생매장당한 일을 기억할 것이다. 이 전투의 패인은 조괄이 자기 욕심 채우기에만 급급하여 신뢰를 잃었기 때문이다. 조괄의 어머니가 한 말을 떠올려 보자.

대왕께서 내리신 돈과 비단은 집에다 저장하고, 이익이 될 만한 땅이나 집을 둘러보았다가 사들였습니다.

자기희생을 모르는 조괄과 비교할 만한 인물로 한漢나라 장군 이광李廣이 있다. 청렴하고 정직한 이광은 상을 받으면 그것을 부하들에게 나누어 주고, 음식도 사병들과 똑같이 취하였다. 이광은 죽을 때까지 40여 년에 걸쳐 녹이 2천 석이었는데도 집에는 남겨둔 재물이 없었으며, 재물에 대해 일체 말하는 일이 없었다. 군사를 인솔할 때 먹을 물과 물자가 결핍한 사막 한가운데에 이르면 물을 보아도 군졸들이 다 마신 뒤가 아니면 먼저 먹는 법이 없었고, 군졸들이 밥을 다 먹은 뒤에야 먹었다. 이렇게 관대하면서 엄격하지 않아 군졸들은 기뻐하고 즐거워하면서 그의 명령에 복종하였다.

이처럼 자기희생이 없는 리더는 결코 신뢰를 얻을 수 없다. 자기희생으로 신뢰를 쌓은 또 하나의 사례를 살펴보자.

조사는 본래 조나라의 조세를 맡은 관리였다. 그가 조세를 받아내는 데 한번은 평원군 집에서 조세를 바치려 하지 않았다. 이에 조사가 법에 따라 평원군 집안 관리자 9명을 사형에 처해 버리자, 화가 난 평원군은 그를 죽이려 하였다. 그러자 조사는 이렇게 평원군을 설득하였다.

"공자는 조나라의 귀인입니다. 만일 공자 댁에서 나라에 대한 의무를 다하지 않는 것을 그대로 둔다면 국법을 침범하는 것이 됩니다. 국법이 침범당하면 나라는 약해지고 맙니다. 나라가 약해지면 제후들이 조나라를 엿보게 될 것이며, 만일 제후들이 군사로 압박하면 조나라는 망하고 말 것입니다. 그렇게 되었을 경우, 공자 혼자 부귀를 누릴 수 있겠습니까? 공자와 같이 존귀한 분이 국법에서 정한 대로 나라의 의무를 다하면 위아래가 공정해지고, 나라는 강해질 것이며, 나라가 강해지면 조나라의 기반은 더욱 튼튼해질 것입니다. 또한 공자께서는 가까운 왕족이시니 천하에 누가 감히 공자를 가볍게 대할 사람이 있겠습니까?"

평원군은 조사의 말에 감복하여 곧 왕에게 그를 천거하였다. 왕은 그를 등용하여 나라의 세금을 다스리게 하였다. 그때부터 조세는 매우 공평해졌고, 백성들은 부유해졌으며, 국고는 언제나 가득 차게 되었다.

진나라가 조나라 수도 한단을 포위하자, 평원군은 초나라로 가서 구원병을 요청하고 돌아왔다. 그러나 원군이 채 도착하기도 전에 진나라가 재빨리 한단을 포위해 한단은 함락 직전의 위기에 처하고 말았다. 평원군은 심히 걱정하였다. 이때 전사傳舍, 여관를 지키는 관리의 아들 이동李同이 평원군을 찾아왔다.

"공자께서는 조나라가 망하는 것을 걱정하지 않으십니까?"

평원군이 말하였다.

"무슨 말이냐? 조나라가 망하면 나는 포로가 될 것이다. 어떻게 걱정하지 않겠느냐?"

이동이 말하였다.

"한단 백성들은 이제 땔감이 없어서 죽은 사람 뼈로 불을 지피고 있습니다. 그런데 공자께서는 후궁 부인만도 백을 헤아릴 뿐 아니라 시녀와 하녀들까지도 비단 옷을 감고 찰밥과 고기를 배가 터지도록 먹고 있습니다. 백성들은 누더기도 제대로 걸치지 못하고 술지게미와 쌀겨도 배불리 먹지 못하고 있는데 말입니다. 또한 백성들은 무기마저 없어 나무를 깎아 창과 화살을 만들어 쓰고 있는 형편입니다. 그런데도 공자 댁에는 종과 경磬 같은 악기까지 전과 다름없이 지니고 계십니다. 진나라가 조나라를 이기게 되는 날에 공자께서는 어떻게 그것들을 계속 소지할 수 있겠습니까? 조나라가 무사만 하다면 공자께서는 그런 것들이 없는 것을 걱정하실 필요가 있겠습니까? 그러니 공자께서는 부인 이하 저택의 모든 사람을 병졸들과 함께 일을 시킬 것이며, 집안 모든 물자를 있는 대로 다 병사들에게 나누어 쓰도록 하십시오. 그렇게만 하신다면 병사들은 위급하고 고통스러운 처지에 놓여 있는 만큼 공자의 은혜에 더욱 감격할 것입니다."

평원군은 그의 말을 따랐다. 그 결과 결사대를 지원하는 용사 3천 명을 얻게 되었다. 이동은 그 3천 명과 함께 진나라 군대를 향해 돌진하였다. 진나라 군대는 이로 인해 30리나 후퇴하고 말았다. 그러자 때맞추어 초나라와 위나라 원병이 도착하여 진나라 군사는 포위를 풀고 가 버렸고, 한단은 무사할 수 있었다.

사례 하나를 더 보자.

공의휴公儀休는 노魯나라 박사였다. 그는 뛰어난 재능과 학문을 인정받아 노나라 재상이 되었다. 법을 바로 지키고, 이치를 따르며, 함부로 고치는 일이 없었기 때문에 관청의 모든 일은 저절로 바르게 되었다. 그는 나라의 녹을 먹는 사람들이 일반 백성들과 이익을 놓고 다투는 일이 없도록 하였고, 많은 녹봉을 받는 사람들이 사소한 것을 받는 일이 없도록 하였다. 어느 빈객이 공의휴에게 생선을 보내 왔으나 그는 받지 않았다. 그러자 어떤 사람이 그에게 물었다.

"재상께서 생선을 좋아하신다는 말을 듣고 보내온 것일 겁니다. 그런데 어찌하여 받지 않습니까?"

공의휴는 이렇게 대답하였다.

"생선을 좋아하기 때문에 받지 않는 것이오. 지금 나는 재상으로 있기 때문에 내 돈으로 생선을 살 수 있소. 그런데 생선을 받고 벼슬에서 쫓겨나면 누가 내게 생선을 보내 주겠소? 이 때문에 받지 않는 것이오."

그의 집 채소밭에서 자라는 채소를 먹어 보았더니 맛이 대단히 좋았다. 그러자 그 채소밭의 푸성귀를 모두 뽑아 버렸다. 또 자기 집에서 짜는 베가 좋은 것을 알게 되자, 당장 베 짜는 여자를 돌려보내고 그 베틀을 불태워 버린 다음 이렇게 말하였다.

"사서 입어야 할 사람이 사 주지 않으면, 농사짓는 백성이나 베 짜는 여인들은 그들이 만든 것을 어디게 팔겠는가?"

이광, 평원군, 공의휴의 사례는 리더가 자기희생이 없이는 사람들의 신뢰를 얻을 수 없고, 영향력을 발휘할 수 없음을 증명하고 있다. 이광이 자기를 희생함으로 '군졸들은 기뻐하고 즐거워하면서 명령에 복종'하였고, 평원군이 자기를 희생하자 '백성들은 부유해졌으며, 국고는 언제나 가득 차' 있었고, 공의휴 같은 사람이 정치를 하자 '나라의 녹을 먹는 사람들이 일반 백성들과 이익을 놓고 다투는 일이 없고, 많은 녹봉을 받는 사람들이 사소한 것이라도 뇌물 받는 일이 없어진 것'이다.

『논어』의 〈옹야〉 편에 나오는 공자의 말은, 성공하기를 바란다면 먼저 다른 사람의 성공을 도와주는 자기희생이 필요하다는 것을 설명하고 있다.

어진 자는 자기가 입신하고자 할 때는 다른 사람을 세우며, 자기가 사리에 통달하고자 할 때는 다른 사람을 이루게 해준다.夫仁者 己欲立而立人 己欲達而達人

7_ 공감(共感)

조나라 효성왕 원년, 진秦나라가 조나라를 정벌하여 성 세 개를 빼앗았다. 조나라 왕이 막 자리에 올랐는데 태후효성왕의 어머니가 정권을 휘두르자, 진나라가 서둘러 조나라를 공격했다. 태후가 제나라에 도움을 요청하자 제나라 왕이 말했다.

"반드시 장안군태후가 총애하는 작은아들을 볼모로 삼아야만 구원병을 보낼 수 있다."

태후가 받아들이려 하지 않자 대신들이 힘써 간언했다. 태후는 주위 사람들에게 단호하게 말했다.

"장안군을 볼모로 삼자는 말을 다시 하는 사람에게는 늙은 내가 반드시 얼굴에 침을 뱉고야 말겠다."

좌사 촉룡이 태후를 만나고 싶다고 하자 태후는 노여워하며 그를 기다렸다. 촉룡이 궁에 들어와 작은 걸음으로 빨리 다가와 앉더니 스스로 사죄하여 말했다.

"늙은 신하인 제가 발에 병이 있어 빨리 걷지 못하여 오래도록 만나 뵙지 못하였습니다. 제가 제 몸을 스스로 헤아려 보니, 태후의 옥체도 불편하실까 두려워 태후 뵙기를 원하였습니다."

"나는 가마에 의지하여 다닐 뿐이오."

"식사하는 것을 줄이지 않으셨습니까?"

"죽에 의지하고 있을 뿐이오."

"저는 최근에 전혀 먹고 싶은 마음이 없어서 일부러 하루에 삼사 리를 걸어 조금씩 식욕을 돋우고 있는데, 이것이 몸에 편안한 것 같습니다."

"나는 그렇게 할 수 없소."

태후의 굳었던 안색이 조금 풀렸다.

"제 비천한 자식 서기가 나이가 가장 어리고 어리석습니다만, 신이 늙고 쇠하여 마음속으로 그를 가여워하고 있으니, 원하건대 흑의黑衣, 궁중 시위대가 입는 옷, 곧 궁중 시위대를 말함의 결원을 보충하여 왕궁을 지키도록 해 주시기를 무릅쓰고 아룁니다."

"알았소. 나이가 몇이오?"

"열다섯 살이 되었습니다. 비록 어리지만 제가 죽어 구덩이로 들어가기 전에 그 아이를 당신께 의탁 드리고자 합니다."

"대장부도 어린 자식을 사랑하고 아끼는가?"

"부인들보다 심합니다."

태후가 웃으며 말했다.

"부인들은 유독 심하다오."

"제가 스스로 생각하기에 태후께서는 장안군보다 연후연왕에게 시집간 조태후의 딸를 훨씬 더 아끼시는 것 같습니다."

"당신이 틀렸소. 장안군만큼 깊이 사랑하지는 않소."

촉룡이 말했다.

"부모가 자식을 사랑하려면 그들을 위하여 깊고 먼 계획을 짜야 합니다. 태후께서 연후를 시집보내실 때 그녀의 발뒤꿈치를 붙잡고 그녀를 위하여 우셨는데, 그녀가 멀리 가는 것을 생각하면 또한 슬픈 일이지요. 이미 갔다 해도 그리워하지 않을 수 없으니 제사를 지낼 때 축원하여 말하기를 '반드시 그녀로 하여금 되돌아오지 말게 하라.' 고 하실 것이니, 생각을 길고도 오래하여 그녀 자손이 대를 이어 연나라의 왕이 되기를 바라시는 것이 아니겠습니까?"

"맞소."

"지금부터 삼 대 이전에 조나라 군주 자손 가운데 후에 봉해진 자의 후계자 중에서 현재 자리에 있는 자가 있습니까?"

"없소."

"단지 조나라뿐 아니라 다른 제후들 자손 가운데 지금도 자리에 있는 자가 있습니까?"

"나는 듣지 못했소."

"이는 가까이 있는 화는 그 자신에게 미치고, 멀리 있는 화는 자손에게 미치기 때문입니다. 어찌 군주 자손으로서 후에 봉해진 자들 모두가 선하지 않겠습니까? 지위는 존귀하면서도 공은 없고, 녹봉은 후하면서도 공이 없습니다. 진귀한 보물만 몸에 많이 지니고 있기 때문입니다. 이제까지 태후께서는 장안군의 지위를 올려 주시고, 그에게 기름진 땅을 봉토로 주시며, 그에게 귀중한 보물을 많이 주셨으니, 지금 그로 하여금 나라를 위해서 공을 세우게 하지 않으신다면, 태후께서 하루아침에 돌아가시는 경우 장안군이 어떻게 스스로 조나라에서 보전할 수 있겠습니까? 저는 태후께서 장안군을 위한 계책이 짧다고 생각하여 이 때문에 그를 아끼는 것이 연후만 못하다고 한 것입니다."

"알았소. 당신 뜻에 따라 그를 보내시오."

이에 태후는 장안군을 위해서 마차 100대를 약조하고, 제나라에 볼모로 보내니 제나라는 병사를 즉시 내주었다.

이는 촉룡이라는 신하가 고집을 부리는 태후를 설득하는 장면이다. 본론으로 들어가기 전에 촉룡이 태후와 어떻게 공감하는지 눈여겨보기 바란다.

진秦나라의 공격을 받아 다급해진 조나라가 구원병을 요청하자 제나라 왕은 태후가 총애하는 장안군을 볼모로 삼아야 구원병을 보낼 수 있다고 제안한다. 태후가 이 제안을 받아들이려 하지 않자 대신들이 간언하지만 태후는 단호하게 거절한다.

이때 촉룡이 나선다. 촉룡은 다짜고짜 아들을 볼모로 보내야 한다고 주장하지 않는다. 먼저 태후의 건강과 안부를 묻고, 태후의 굳었던 안색이 조금 풀리자 자식 이야기를 꺼내며 자식을 사랑하는 마음은 남자나 여자나 똑같다며 태후의 마음에 공감한다. 그러고 나서 자식이 잘되기를 바라는 부모의 마음을 건드리고, 자식을 진정으로 사랑한다면 '깊고 먼 계획'을 짜야 한다고 아뢴다. 그다음 장안군을 위하는 길은 나라에 공을 세울 기회를 주는 것이라며 태후를 설득한다. 이러한 일련의 과정은 무엇보다 공감의 승리라고 할 수 있다.

필자가 고등학교 2학년이던 어느 가을날, 학교 신문을 만들기 위해 동기와 후배들이 함께 모이는 자리가 있었다. 그 모임에서 우리는 기자를 뽑고, 신문을 어떻게 만들고, 누가 어떤 글을 쓸지를 의논하며 신문 이름을 무엇으로 할까 고민했다. 그 당시 우리가 참고할 만한 것은 선배들에게서 얻어 온 대학교에서 발행하는 신문으로, 보통 'OO학보' 라는 제호가 많았다. 우리는 모두 용인에 있는 태성고등학교 학생이었으니 당연히 '태성학보'를 제호로 결정했다.

그렇게 이름을 짓고 회의를 하는데 영어를 가르치는 김령란 선생님께서 들어오시더니 우리들이 하는 이야기를 들으셨다. 선생님은 학교 신문의 제호가 태성학보라는 이야기를 들으시더니 '학보'라는 말은 일제의 잔재인데, 학생들이 그것을 따라 해서 되겠느냐고 말씀하시며 교실 문 쪽으로 걸어 나가셨다. 선생님은 우리를 조금이라도 거들어 주시려고 던진 말이었겠지만, 당시에 내가 듣기에는 우리를 비웃는 듯 들렸다. 그러자 갑자기 속에서 뭔가가 확 치밀어 올랐다. 나는 우리끼리만 들리게끔 작은 목소리로 말했다.

"시집이나 가시지! 무슨 선생님이 저러냐? 그만두셨으면 좋겠네."

그냥 홧김에 하는 말이었다. 그런데 이 말이 선생님 귀에까지 들렸는지 밖으로 나가시던 선생님이 갑자기 휙 돌아서시며 외치셨다.

"야! 오정환, 너 지금 뭐라고 했어?"

나는 순간 당황했지만, 최대한 주눅이 들어 보이지 않도록 당당하게 말했다.

"선생님 말씀에 기분이 상했습니다. 어떻게 그렇게 말씀하실 수 있습니까?"

나는 별로 잘못했다는 생각이 들지 않았다. 그런데 순간 선생님께서 내 뺨을 좌우로 때리셨다. 후배들 앞에서 자존심이 상하는 일이었다. 선생님은 당장 사과하지 않으면 퇴학시키겠다고 강경하게 말씀하셨다. 나는 선생님도 잘못한 것이 있으니 먼저 사과하시면 나도 사과하겠다고 버텼다.

그 후로 자율학습 시간이나 점심시간이 되면 담임선생님을 비롯하여 평소 친분이 있는 선생님들께서 나를 부르셨다. 선생님들은 잘못했다고 한마디만 하면 문제가 해결되는데 왜 고집을 부리냐며 설득도 하시고 야단도 치셨다. 그러나 나는 그렇게 할 수 없다고 맞섰다. 왜 무조건 나에게만 사과하라고 하는지 이해할 수 없었고, 퇴학당하면 검정고시로 대학에 가면 된다고 오기를 부렸다. 그렇게 팽팽하게 버티며 한 달이라는 시간을 보냈다.

그러던 어느 날, 당시 교무주임이셨던 강창희 선생님께서 나를 부르셨다. 선생님과 나는 학교 뒤편 수목원 잔디밭에 마주 앉았다. 해는 노고봉 뒤로 숨어들고 있었고 바람은 선선했다.

"정환아!"

"네."

"너만 잘못했겠느냐?"

그때까지 어떤 선생님도 내게 이렇게 접근하지 않으셨다. 다른 선생님들은 "네가 잘못했으니 선생님께 사과해야 한다."고 일방적으로 말씀하셨다. 필자의 기분은 조금도 헤아려 주지 않았다. 그런데 강창희 선생님은 내 기분을 알아주셨다. 공감해 주신 것이다. 그런 선생님의 말씀에 완강하던 나의 마음은 스르르 풀어졌다. 그리고 그다음 날 바로 영어 선생님께 사과를 드렸다.

공감은 이렇게 설득력을 발휘한다. 한 달이나 버티던 내가 고집을 꺾고 사과할 수 있었던 것은 나를 이해해 주고, 내 기분을 알아주셨던 "너만 잘못했겠느냐?"는 선생님의 한마디 때문이었다. 그 후에도 선생님은 많은 말씀을 하셨지만 모두가 납득할 만한 것이었다.

지금까지의 설명으로 사람들을 설득할 때 신뢰가 얼마나 중요한지 깨달았을 것이다. 신뢰는 곧 평판이다. 어제 내가 한 행동은 나에 대한 평판으로 남는다. 좋은 평판을 듣는다면 사람들을 설득하기가 그만큼 유리하다. 아리스토텔레스도 일찍이 설득하려면 신뢰가 중요하고, 신뢰를 얻는 근거는 인품이라는 사실을 간파했다. 그러면서 사려, 도덕적 우수성, 호의를 제시했다. 이 세 가지를 다 갖추고 있는 사람이 다른 사람한테 신뢰를 받을 수 있다는 것이다.

나는 그보다 많은 일곱 가지 덕목을 제시했다. 선심 · 인정 · 관용 · 신의 · 겸손 · 희생 · 공감이 그것이다. 이들 덕목은 이삼천 년 전부터 영향력을 발휘했다. 지금도 물론 유효하다. 위대한 리더들은 신뢰를 얻음으로써 사람들을 움직일 수 있었고, 사서에 이름을 올렸다.

물통 속 번져가는 물감처럼

아주 서서히 아주 우아하게

넌 나의 마음을

너의 색으로 바꿔버렸다.

너의 색으로 변해버린 나는

다시는 무색으로 돌아갈 수 없었다.

넌 그렇게 나의 마음을

너의 색으로 바꿔버렸다.

– 〈물감〉, 김정수

타인에게 신뢰를 얻으면 신뢰가 물감이 되어 타인을 자기 색으로 물들일 수 있다. 물론 '아주 서서히' 물들기 때문에 조금은 답답할 수도 있다. 어쩌면 윽박지르고 강제하는 것이 더 빠른 시간 안에 자기 편으로 만들 수 있는 방법인지도 모른다. 그러나 이러한 방법으로는 결코 관계를 지속할 수가 없다. 앞에서 말한 일곱 가지 방법은 비록 조금 더딜지는 모르지만 '아주 우아하게' 상대를 설득하는 방법이다.

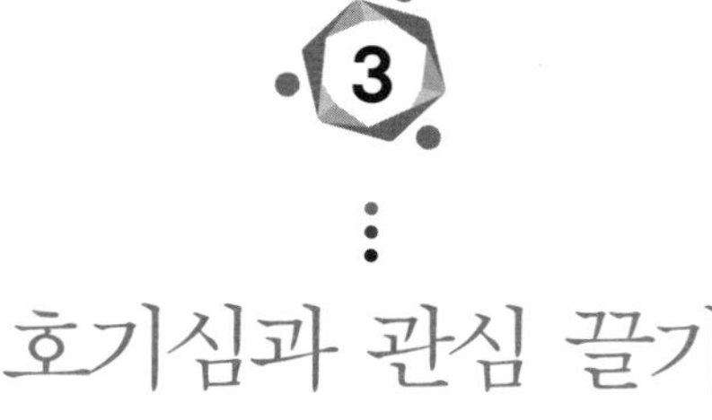

호기심과 관심 끌기

신뢰를 쌓으려면 오랜 시간이 걸린다. 믿을 만한 사람이라는 평판은 하루아침에 만들어지지 않기 때문이다. 그런데 미처 신뢰를 쌓을 여유도 없이 오늘 처음 만난 사람을 설득해야 하는 경우가 있다. 예를 들어, 세일즈맨이 고객을 처음 만나 판매를 유도할 때, 취업을 위해 면접관 앞에 섰을 때, 처음 마주한 청중을 상대로 강의할 때에는 어떻게 신뢰를 얻어야 할까? 처음 만난 사람이 자신의 말에 집중할 수 있도록 호기심과 관심 끄는 방법은 무엇일까?

무엇보다 비언어적 요소가 중요하다고 한다. 외모, 첫인상, 목소리, 복장, 미소 띤 얼굴 등이 신뢰를 얻는 데 중요한 것은 사실이다. 만일 당신의 외모가 훌륭한 성직자처럼 생겼다면 사람들이 당신을 판단할 때 큰 영향을 미칠 수 있다. 인상이 선하고, 모범생처럼 생기고, 법 없이도 살 것만 같고, 외모가 품위 있어 보이는 사람이 어떤 말을 하면 보통 사람들이 잘 받아들인다는 사실은 이미 많은 학자들이 증명했다. 이 부분은 다른 책들에서 많이 언급하고 있으므로 여기서는 다루지 않겠다.

여기서는 사람들의 관심을 나에게 집중하도록 만드는 방법에 대해서만 알아보도록 하자. 바쁜 구매 담당자의 관심을 끄는 방법, 면접관에게 확실한 인상을 남기는 방법, 산만하고 제각각인 청중들의 시선을 자신에게 고정하도록 만드는 방법은 본격적인 설득을 시작하기 전에 매우 중요한 기술이다. 그렇다고 단순히 호기심을 불러일으키는 것으로 끝나서는 안 된다. 그 호기심을 기반으로 상대에게 호감을 얻고, 믿을 만한 사람이라는 인상을 심어주어야 한다. 또한 탄탄한 논리의 뒷받침은 말할 것도 없다. 이제 설득해야 할 상대를 처음 만났을 때 호기심을 불러일으키거나 관심을 끄는 방법에 대해 알아보자.

1_ 질문하기

초반에 호기심을 자극하고 설득 효과를 높이는 방법 중 한 가지는 "~을 알고 있습니까?"라고 질문하는 것이다. 샘 혼Sam Horn은 자신의 저서『사람들은 왜 그 한마디에 꽂히는가』에서 이 방법을 소개하고 있다. 현재 문제의 범위, 사안의 긴급성, 추세의 변화 흐름, 충족

되어야 할 요구와 필요에 대해 언급하며 "이에 대해 알고 있습니까?" 라고 질문하는 것이다.

만약 당신이 불규칙한 식생활로 인한 만성질환으로 고생하는 사람을 설득하고자 한다면 다음과 같은 질문들이 호기심을 자극할 수 있다.

· "잘못된 식습관으로 인해 암이나 혈관장애 같은 생활 습관에 따른 병으로 고생하는 사람들이 얼마나 되는지 알고 계십니까?"
· "과잉 섭취로 인한 비만 인구가 해마다 ○○퍼센트씩 증가한다는 사실을 알고 계십니까?"
· "과체중인 사람은 정상적인 사람보다 평균수명이 ○○세 짧은데, 알고 계십니까?"

이런 질문을 하려면 자료 조사가 필수다. 특히 인용하는 통계치, 연구논문, 신문기사와 같이 권위 있는 자료일수록 호기심을 더 강하게 자극할 수 있다.

앞에서 언급한 사례를 다시 한 번 보자. 진나라가 조나라 수도 한단을 포위하여 함락 직전의 위기에 처하고 말았다. 평원군이 심히 걱정하고 있을 때 전사傳舍, 여관를 지키는 관리의 아들 이동李同이 평원군을 찾아가서 다음과 같이 질문한다.

· "공자께서는 조나라가 망하는 것을 걱정하지 않으십니까?"

평원군은 이 질문을 받고 이렇게 대꾸한다.

"무슨 말이냐? 조나라가 망하면 나는 포로가 될 것이다. 어떻게 걱정을 하지 않겠느냐?"

질문을 받은 평원군은 이동이 무슨 말을 할지 궁금해졌다. 그때 이동은 다시 질문 두 개를 사용하여 평원군을 설득한다.

· 이보다 더 위급한 상황이 어디 있겠습니까?
· 진나라가 조나라를 이기게 되는 날에 공자께서는 어떻게 그것들을(현재 평원군이 누리고 있는 모든 것) 계속 소지할 수 있겠습니까?

평원군은 이동의 말을 따랐고, 결국 나라를 구할 수 있었다.

질문이라고 해서 다 같은 것은 아니다. 안 하느니만 못한 질문도 있다. '총각네 야채가게'를 창업하여 이제는 대규모 농산물 판매 기업으로 성장시킨 이영석 대표가 쓴 『인생에 변명하지 마라』에는 이러한 질문들에 대해 언급하고 있다.

직원을 채용할 때 나는 그들에게 먼저 질문을 하라고 한다. 여기서 재미있는 것은 그들의 질문에서 그들의 마음을 읽을 수 있다는 것이다. 질문 내용만 봐도 그 친구가 성공 가능성이 있는 친구인지 아닌지, 똥개로 사는 사람인지 진돗개로 사는 사람인지 알 수 있다.

똥개 마인드로 사는 사람들은 이렇게 질문한다.

"월급은 얼마예요? 쉬는 날은 언제예요? 주 5일제인가요? 휴가는 어떻게 사용하나요?"

반면, 진돗개 마인드로 사는 사람들은 이렇게 질문한다.

"여기서 몇 년을 배워야 독립해서 일할 수 있나요? 과일 고르는 법은 언제부터 배울 수 있어요? 꼭 일을 배우고 싶습니다."

2_ 예상 빗겨가기

예상을 빗겨가는 것은 상대의 호기심을 불러일으키고, 상대를 흥미로운 세계로 이끈다. 영화나 드라마 내용이 예상할 수 있는 방향으로 전개된다면 무슨 재미가 있겠는가. 그래서 이야기를 전개해 나갈 때 반전은 가장 중요한 기법이다. 예상을 빗겨가는 전형적인 장르는 코미디다. 인기 있는 코미디일수록 상상을 초월하는 이야기가 전개된다. 댄 사이드먼Dan Seidman의 저서 『잘 파는 세일즈맨의 비밀언어』에 나오는 코미디 같은 이야기를 하나 보자.

밴들러는 자신이 예수라고 생각하는 한 남성을 치료하려고 정신병원을 찾았다. 여러 상담사들이 "자, 당신은 예수님이 아닙니다. 그런데 왜 예수님이라고 생각하는 거죠?"라고 말했지만, 그는 계속 부정하며 자신은 예수라고 주장했다. 밴들러는 그 남자에게 다가가 그가 예수인지를 물었다. 환자는 의심스러운 눈초리로 밴들러를 쳐다보더니 자신이 예수라고 주장했다. 밴들러는 그 병실을 나왔다가 잠시 뒤에 다시 들어가서 그에게 정말로 자신이 예수가 맞느냐고 재차 물었다.

"그럼 맞고말고! 내가 무엇을 해 줄까? 아들아." 라고 환자가 대답했다.

밴들러는 다시 그 방을 나왔다. 그리고 곧 커다란 나무 기둥 두 개, 30센티미터가 조금 넘는 못과 큰 망치를 들고 환자가 있는 병실로 돌아갔다.

그 환자가 물었다.

"대체 이게 다 뭐요?"

밴들러는 이렇게 대답했다.

"당신이 예수님이라면, 당신이 이곳에 있는 이유도 잘 알 거요. 당신을 십자가에 매달아 볼 참이요."

환자는 못의 크기를 가늠하더니 잽싸게 말했다.

"이해를 못하시는군요. 난 진짜 예수가 아니에요. 난 미친 거라고요. 그냥 내가 예수라고 상상하는 것뿐이에요."

예상 빗겨가기는 단단한 방어벽을 뚫고 들어가는 것이다. 방어벽이 뚫린 순간 혼란스러움을 느낀 그 환자는 이제 중요한 치료 과정의 첫발을 내딛게 된 셈이다.

지방 신문사에서 광고 영업을 하는 사람이 있었다. 그는 마침 근처에 커다란 찜질방이 있어 신문에 광고를 요청했다. 찜질방 사장이 손님이 많아서 굳이 광고할 필요가 없다고 거절하자 이 영업인은 예상 빗겨가기 방법을 사용하였다.

찜질방 사장 손님이 너무 많아서 굳이 신문에 광고까지 할 필요가 없습니다. 지금 있는 손님만으로도 충분합니다.

영업인 축하드립니다, 사장님. 그러니까 손님이 많아서 돈을 많이 버신다는 말씀이시죠?

찜질방 사장 그럼요. 신문에 광고를 내면 감당할 수가 없을 겁니다. 그래서 안 내도 돼요. 그런데 왜 그러시죠?

영업인 아, 네. 어제 시청에 갔더니 지역에서 사업에 성공하신 분을 소개해 달라고 해서요. 장학 사업을 위해 장학금을 기탁하실 분을 찾고 있다네요. 사장님을 소개해 드릴까 하는데, 괜찮으시죠?

찜질방 사장 네? 아이고. 광고하는 데 얼마면 되지요?

다음은 공자의 제자 자공이 제나라 실권자 전상을 만나 설득하는 장면이다.

제나라 대부 전상은 난을 일으켜 권력을 독점하고 싶었으나 다른 귀족 세력이 두려웠다. 그리하여 계획을 바꾸어 그들 군사와 연합해 노나라를 치기로 했다. 공자가 이를 알고 제자들에게 말하였다.

"노나라는 우리 조상의 무덤이 있는 곳이다. 그 나라가 이처럼 위기에 처해 있을 때 너희들은 어찌하여 나서지 않는가?"

공자 제자 중 자공이 곧 제나라로 가서 전상을 달랬다.

"상공께서 노나라를 치려고 하는 것은 잘못입니다. 무릇 노나라는 치기 힘든 나라입니다. 그 성벽은 얇고 낮으며, 그 못은 좁고 얕으며, 그 임금은 어리석고 어질지 못하며, 대신들은 거짓에 가득 차 있으며 쓸모가 없습니다. 이 때문에 싸울 상대가 되지 못합니다. 그보다는 오나라를 치는 쪽이 유리합니다. 오나라는 성벽은 높고 두꺼우며, 못은 넓고 깊으며, 무기는 튼튼하고 새것이며, 병사들은 정예들뿐이고, 식량도 충분하며, 중무기와 정병이 모두 그 성안에 있습니다. 또 훌륭한 장수들이 그곳을 지키고 있으니 이런 나라야말로 치기가 쉽습니다."

전상이 버럭 화를 내며 말하였다.

"그대가 어렵다고 말하는 것은 세상 사람들이 쉽다고 하는 것이며, 그대가 쉽다고 하는 것은 세상 사람들이 어렵다고 하는 것인데, 그처럼 서로 상반되는 말을 하고 있으니 어찌 된 것이오?"

자공이 이렇게 답하였다.

"나는 나라 안에 걱정이 있으면 강한 적을 치고, 걱정이 나라 밖에 있으면 약한 적을 친다고 들었습니다. 그런데 지금 상공의 걱정거리는 나라 안에 있습니다. 듣건대 제나라 임금께서는 상공을 세 번이나 군君에 봉하려 하였으나, 세 번 다 실패하고 말았다고 합니다. 그것은 제나라 대신들 가운데 반대하는 사람들이 있기 때문입니다. 그러한 형편에서 상공이 노나라를 쳐서 대승하여 제나라의 영토를 넓혀 보십시오. 싸움에서 이겼다고 하여 임금의 마음을 더욱 교만하게 할 뿐이며, 노나라를 깨뜨린 것으로 대신들의 위세만 더하게 할 뿐입니다. 상공의 공로는 인정받지 못할 것이며, 임금과의 거리만 멀어지게 될 것입니다. 결국 상공께서는 위로는 임금의 마음을 교만하게 하고, 아래로는 여러 신하들의 세력만을 키워 주는 꼴이 될 것이니, 상공께서 바라는 큰일을 이루기가 더욱 어렵게 될 뿐입니다.

(중략)

이에 오나라를 치는 것이 유리하다고 말씀드리는 것입니다. 오나라를 쳐서 이기지 못할 경우, 백성들은 밖에서 싸워 죽게 되고, 대신들은 안에서 발판을 잃게 됩니다. 결국 상공으로서는 위로는 강한 적이 없어지고, 아래로는 백성들의 비난을 받지 않게 되며, 임금을 고립시켜 제나라를 마음대로 할 수 있는 사람은 오직 상공만 남게 됩니다."

전상이 말하였다.

"과연 그렇겠군요. 그러나 우리 군사는 벌써 노나라를 향하고 있소. 이제 다시 노나라에서 물러나 오나라를 향하도록 한다면 대신들은 나를 의심할 것이오. 어떻게 하면 좋겠소?"

자, 이제 자공이 전상을 만나 어떻게 예상 빗겨가기 방법으로 그의 관심을 끌었는지 살펴보자. 자공이 전상을 만나자마자 꺼낸 첫마디는 이렇다.

상공께서 노나라를 치려고 하는 것은 잘못입니다. 무릇 노나라는 치기 힘든 나라입니다.

이 말을 들은 전상은 아마도 자신이 잘못 들었나 하고 귀를 의심했을 것이다. 당시 제나라의 국력은 노나라보다 10배 정도 강했다. 제나라의 승리는 보나 마나 한 것이었다. 그런데 자공은 노나라를 치기 힘든 나라라고 하지 않는가? 자공은 공자의 제자인데, 그런 그가 찾아와서 쓸데없는 이야기를 할 리가 없다고 생각한 전상은 그가 왜 이런 이야기를 하는지 궁금하지 않을 수 없었다. 이어서 자공은 왜 노나라가 치기 힘든 나라인지 그 이유를 대고 있다. 그런데 그 이유라는 것이 참으로 가관이다. 상식적으로 말도 안 되는 이야기다.

그 성벽은 얕고 낮으며, 그 못은 좁고 얕으며, 그 임금은 어리석고 어질지 못하며, 대신들은 거짓에 가득 차 있으며 쓸모가 없습니다. 이 때문에 싸울 상대가 되지 못합니다. 그보다는 오나라를 치는 쪽이 유리합니다. 오나라는 성벽은 높고 두꺼우며, 못은 넓고 깊으며, 무기는 튼튼하고 새것이며, 병사들은 정예들뿐이고, 식량도 충분하며, 중무기와 정병이 모두 그 성안에 있습니다. 또 훌륭한 장수들이 그곳을 지키고 있으니 이런 나라야말로 치기가 쉽습니다.

어불성설이 아닐 수 없다. 당연히 전상은 버럭 화를 냈다. 그러면서도 "그처럼 서로 상반되는 말을 하고 있으니 어찌 된 것이오?"라고 물었다. 호기심이 생겼다는 뜻이다. 상상해 보라. 이제 막 대학을 졸업한 젊은이가 찾아와 실세인 국무총리급에게 이치에도 맞지 않는 실언을 한다는 것은 있을 수도 없는 일이다. 그러니 전상은 그 이유가 궁금했던 것이다. 자공은 일단 전상의 관심을 끄는 데 성공했고, 이후 자신의 전략을 말하여 전상에게서 동의를 이끌어냈다. 다음에 벌어지는 이야기는 2장에서 자세히 살펴볼 것이다.

위衛나라 영공靈公 때에 미자하彌子瑕는 총애를 받아 위나라의 전권을 휘둘렸다. 한 난쟁이가 영공을 만나 이렇게 말했다.

"신의 꿈은 영험이 있습니다."

영공이 물었다.

"무슨 꿈인가?"

난쟁이가 대답했다.

"꿈에 부엌의 아궁이를 보았는데, 공을 만나게 되었습니다."

영공이 노하여 말했다.

"내가 듣기로는 군주를 알현하려는 자는 꿈에 해를 본다고 했다. 어찌 꿈에 부엌의 아궁이를 보고 과인을 만나러 왔는가?"

그러자 난쟁이가 대답했다.

"무릇 태양은 천하를 비추므로 한 사물로는 가릴 수 없고, 군주는 한 나라를 비추므로 한 사람으로는 가릴 수 없습니다. 그래서 군주를 알현하려는 자는 꿈에 해를 본다는 것입니다. 부엌의 아궁이는 한 사람이 불을 지피고 있으면 뒷사람은 그 불빛을 보지 못합니다. 지금 어떤 사람이 당신 앞에서 불을 지피고 있습니까? 그러면 신이 꿈에 부엌 아궁이를 본 것을 옳다 하지 않을 수 있습니까?

—『한비자』

난쟁이가 진짜 꿈을 꾸었는지, 비유로 그렇게 이야기한 것인지는 알 수 없다. 다만 난쟁이는 영공의 호기심을 자극하는 방법을 잘 알고 있는 듯하다. 자신의 꿈은 영험한데, 꿈에 아궁이를 보고 임금을 만나게 되었다고 하자 영공은 노하여 "내가 듣기로는 군주를 알현하려는 자는 꿈에 해를 본다고 했다. 어찌 꿈에 부엌 아궁이를 보고 과인을 만나러 왔는가?"라고 궁금해한다. 예상 빗겨가기를 통해 성공적으로 호기심을 불러일으킨 것이다.

3_ 칭찬하기

앞에서 소진의 설득법을 살펴본 바 있다. 소진은 각 제후들을 만나 유세를 할 때 다음과 같이 그들을 치켜세우는 것을 잊지 않았다.

· 천하의 대신 · 재상 · 군신에서 벼슬이 없는 선비에 이르기까지 모두 대왕께서 의를 행하는 것을 두고 원대하고 어질다 하며, 모두가 대왕의 가르침을 받들어 충언을 올릴 수 있기를 원한 지가 오래입니다.

· 한나라가 이와 같은 강한 병력과 대왕의 현명함을 아울러 가지고 있으면서도

· 위나라는 천하의 강국이며, 임금은 천하의 현군입니다.

· 대왕의 현명함과 제나라의 강한 힘으로써 대처하면 천하에 대항할 자가 없습니다.

· 초나라는 천하의 강국이며, 대왕께서는 천하의 현군이십니다.

소진은 이렇게 여섯 나라를 설득하여 합종책을 관철하고, 합종 동맹의 책임자가 되어 여섯 나라의 재상직을 동시에 차지한다. 이로부터 15년 동안 진나라는 감히 군사 작전을 펴지 못하였다. 소진은 칭찬으로 시작하여 상대의 마음을 얻었다. 칭찬하면 좋은 것을 누가 모르느냐고 반문할 사람도 있을지 모르겠다. 알고 있다면 실천하라. 칭찬만큼 상대방의 마음을 여는 방법도 없다.

다음은 칭찬으로 나쁜 이미지를 관심으로 바꿔버린 조구생의 이야기다.

초나라 사람 조구생曹邱生은 말솜씨가 좋아 여러 차례 권세에 빌붙어 일 처리를 해주고 돈을 받았다. 그는 귀인 조동趙同을 섬겼으며, 특히 두장군竇長君과 친밀한 사이였다. 계포季布가 이 소문을 듣고 곧 두장군에게 편지를 보내어 간하였다.

"조구생은 장자長者, 덕망이 뛰어나고 경험이 많아 세상일에 익숙한 사람가 아니라고 들었소. 그와 내왕하지 않도록 하십시오."

조구생이 초나라로 돌아가는 길에 계포를 만나 보기 위하여 두장군에게 소개장을 얻으려고 하자 두장군이 말하였다.

"계 장군은 그대를 좋게 생각하지 않소. 그대는 가지 않는 것이 좋을 것이오."

그러나 조구생은 굳이 소개장을 달라고 해서 얻어 가지고 떠났다. 먼저 사람을 시켜서 소개장을 계포에게 바치자, 계포는 크게 노기를 품은 채 조구생을 기다렸다. 조구생은 도착하자마자 인사도 하지 않고 고개만 끄떡하면서 즉시 계포에게 말하였다.

"초나라 사람들 사이에서 '황금 100근을 얻는 것보다 계포의 한 번 승낙이 더 낫다' 고 하는데, 그대는 어찌하여 양나라와 초나라 사이에서 이러한 명성을 얻게 되었습니까? 나는 초나라 사람이며 그대 또한 초나라 사람입니다. 내가 천하를 유람하면서 그대의 명성을 알린다면 그대 이름은 천하에서 귀하게 되지 않겠습니까? 어찌하여 그대는 나를 그렇게 심하게 거절하십니까?"

계포는 크게 기뻐하며 그를 맞아들여 몇 달 동안 머물게 하면서 상객으로 대접하고 후히 선물을 주어 보냈다.

계포는 조구생에 대해 떠도는 안 좋은 소문을 들었던 듯하다. 그런데 그 안 좋은 이미지가 "초나라 사람들 사이에 '황금 100근을 얻는 것보다 계포의 한 번 승낙이 더 낫다'고 하는데, 그대는 어찌하여 양나라와 초나라 사이에서 이러한 명성을 얻게 되었습니까?"라는 조구생의 칭찬 한 번으로 풀리고 말았다.

여기서 계포의 사람됨을 살펴볼 필요가 있다. 계포가 평소 좋은 말만 듣기 좋아하는 얄팍한 사람이었다면 칭찬의 위력은 감소하겠지만, 계포는 그런 사람이 아니었다. 그는 초나라 사람으로 의기와 사내다움으로 유명했다. 한고조 유방과 항우가 천하 쟁패를 두고 용호상박하고 있을 때 계포는 항우를 도와 유방을 괴롭혔다. 항우가 죽고 유방이 천하를 차지하자 천금의 상을 걸어 계포를 수배하고 숨겨주는 자가 있으면 삼족을 멸하겠다고 엄포를 놓았다. 하지만 계포는 도와주는 사람들이 있어 목숨을 건질 수 있었고, 결국 한고조 유방도 계포를 용서하고 벼슬을 내렸다.

『사기』의 〈계포난포 열전〉 편에서 계포를 '어진 인물', '강직한 성격을 잘 억제하여 유순하였음', '현명함' 등으로 표현하는 것으로 봐서도 계포의 사람됨이 예사는 아닌 듯하다. 그런데도 조구생의 칭찬에 마음을 여는 것을 보면 그만큼 칭찬의 힘이 대단하다고 볼 수 있다. 조구생은 칭찬으로 신뢰를 얻은 것이다.

눈여겨볼 대목이 또 있다. 조구생이 계포와 같은 초나라 사람임을 강조하고, "내가 천하를 유람하면서 그대의 명성을 알린다면 그대 이름은 천하에서 귀하게 되지 않겠습니까?"라고 말하여 계포의 욕구를 제대로 파악하고, 맞춤형 혜택을 제시했다는 사실이다. 즉, 타인을 설득하는 데 성공하려면 먼저 칭찬하고, 그와의 공통점을 강조하여 신뢰를 얻은 다음, 상대가 얻을 이익이나 혜택을 이야기할 줄 알아야 한다.

칭찬의 영향력을 높이려면 무엇보다도 중요하고 관련 있는 정보를 수집해야 한다. 소진이 어떻게 칭찬했는지 찬찬히 살펴보면 금방 알 수 있다. 소진의 유세 장면을 보면, 각국 왕을 만나 지리적 이점, 무기, 군사력 등을 치켜세우고 있다. 이는 사전에 정보를 수집하지 않으면 할 수 없는 칭찬이다. 소진이 각국 왕을 만나기 전에 정보 수집부터 했음을 알 수 있다. 그래야 상대가 듣고 싶어 하는 칭찬을 할 수 있기 때문이다. 그리고 '천하의 현군', '대왕의 현명함' 등을 언급하며 왕의 자질과 인격에 대해 칭찬한다. 자신의 인격에 대한 칭찬은 사람이라면 누구나 듣고 싶은 말이다.

칭찬을 질문으로 하면 효과를 보다 높일 수 있다. 질문은 상대로 하여금 자랑할 수 있는 기회를 선물하는 것이다. 조구생의 칭찬을 다시 한 번 보자.

> 초나라 사람들 사이에 '황금 100근을 얻는 것보다 계포의 한 번 승낙이 더 낫다' 고 하는데 그대는 어찌하여 양나라와 초나라 사이에서 이러한 명성을 얻게 되었습니까?

질문하고 있다는 사실에 주목하라. 몇 가지 칭찬 사례를 더 살펴보자.

· 여성 중에 활발하게 사업하시는 분이 몇 분이나 되겠습니까? 참으로 대단하십니다. 사업을 어떻게 시작하게 되셨나요?

· 저 살기도 바쁜 세상인데, 지역에서 이렇게 훌륭한 일을 하시다니 정말이지 대단하십니다. 많은 사람들이 회장님의 활동에 동참했으면 좋겠습니다. 보람도 많으시죠?

· 돈 많고 시간 많다고 봉사 활동하는 게 아니잖아요. 회장님 같은 분들이 계시니 이 사회가 살 만한 거예요. 이렇게 봉사 활동을 하시는 데는 남다른 계기가 있을 것 같은데요, 혹시 여쭤 봐도 될까요?

질문으로 마무리하는 게 중요하다. 질문을 받으면 답을 해야 한다. 자연스럽게 자신에 대해 자랑할 수 있도록 길을 터주는 것이다.

· 아이들을 가르친다는 게 정말 어렵잖아요. 사명감이 없으면 어떻게 하겠어요. 선생님을 괜히 천직이라고 하는 게 아니겠죠. 아이들 가르치다 보면 속상한 일도 많을 텐데, 선생님은 어떻게 이겨내시나요?

· 요즘처럼 불경기에 사업을 시작하는 게 쉽지 않았을 텐데 대단하세요. 사업을 하시게 된 동기가 있나요?

이런 질문을 받은 사람은 자신의 이야기를 시작할 것이다. 상대가 조금은 쑥스러워하며, 조금은 자랑스럽게 이야기할 때 당신은 맞장구를 쳐 주면 된다. "네, 그래서요?", "정말 대단하시네요.", "그다음은 어떻게 되었나요?"와 같은 말은 추임새가 되어 상대가 이야기할 때 신바람을 일으킨다. 그리고 이러한 신바람은 결국 당신에 대한 호감으로 이어진다.

상대를 파악하라

3장 · 상대를 파악하라

상대의 상황 · 문제 · 욕구 파악하기

서론에서 언급한 설득의 구조를 다시 살펴보자.

- 1단계 : 신뢰 얻기
- 2단계 : 상대의 상황 · 문제 · 욕구 파악하기
- 3단계 : 위기와 손해 강조하기
- 4단계 : 해결책과 이익(혜택) 제시하기

'상대의 상황 · 문제 · 욕구 파악하기'는 설득의 두 번째 단계다. 상황을 파악해야 문제가 무엇인지 알 수 있고, 문제를 알아야 상대의 욕구나 필요 혹은 불만족 등을 찾을 수 있다. 그런 다음 그 문제로 인한 위기와 손해를 강조한다면 효과적으로 설득할 수 있다. 그러므로

'상대 파악하기'는 설득을 위한 준비 단계라고 볼 수 있다. 상대를 제대로 파악하기 위해서는 육하원칙에 따라 정리해 보는 것이 좋다.

① 무엇을 설득할 것인가?

상대를 설득하고자 한다면 목적을 정확히 알고 있어야 한다. 세일즈맨이 고객을 만나는 목적은 제품을 판매하기 위함이다. 이것은 명백한 사실이다. 그런데 잡담만 늘어놓고 왔다면 말이 되지 않는다. 상대에게 동기부여를 하려는 것인지, 자신의 생각을 주장하려는 것인지, 단순히 의견을 발표하는 것인지에 따라 설득을 하는 방법이나 강도는 달라진다.

② 누구를 설득할 것인가?

상대의 나이는 몇 살인지, 남성인지 여성인지, 학력은 어느 정도인지, 상대가 원하는 것은 무엇인지, 좋아하는 것은 무엇인지, 취미는 무엇인지, 상황은 어떠한지, 소득은 얼마나 되는지, 기혼인지 미혼인지와 같은 정보는 설득에 매우 중요하다. 특히 상대방이 가장 중요하게 생각하는 가치는 무엇인지, 상대가 급하게 필요한 것이 무엇인지 등은 설득을 하고자 할 때 반드시 알아내야 한다.

③ 언제 설득할 것인가?

설득하는 시기나 시간에 따라 미묘한 차이가 생길 수 있다. 가령, 오전에 만나는 것이 좋은지, 점심때가 좋은지, 혹은 저녁때가 좋은지는 설득하는 내용에 따라 달라질 것이다. 회의시간인지, 토론할 때인지, 발표시간인지에 따라 설득 방법이나 내용이 다를 수 있다. 가용 시간은 얼마나 되는지도 중요하다. 시간은 5분뿐인데 핵심을 말하지 못하고 빙빙 돌리며 변죽만 울린다면 어떻게 설득할 수 있겠는가.

④ 어디서 설득할 것인가?

만나는 장소가 회의실인지 호텔인지 식당인지 커피숍인지 혹은 사무실인지 알아야 한다. 회의실이라면 구조는 어떤지, 연설하게 될 강당의 구조는 어떤지, 빔 프로젝터나 컴퓨터는 구비되어 있는지, 마이크 상태는 어떤지를 사전에 파악하고 있어야 한다.

⑤ 어떻게 설득할 것인가?

설득을 하기 전에 서두는 어떻게 시작할 것인지, 사례나 비유는 무엇으로 할지, 어떤 질문을 할지, 기승전결을 어떻게 짤지 사전에 계획을 세워두어야 한다.

⑥ 왜 설득해야 하는가?

'무엇을 설득할 것인가?'와 함께 설득하는 이유를 따져보아야 한다. 상대방을 설득함으로써 본인과 상대가 얻을 수 있는 이익은 무엇인지 정확히 알고 있어야 한다.

1_ 상황과 문제 파악하기

필자는 강의를 하며 앞의 여섯 가지 질문에 대한 답을 사전에 준비하지 않아 낭패를 본 적이 있다. 한 번은 빔 프로젝터가 고장이 나서 애를 먹은 적도 있다. 또 강의실 구조가 토론식 강의를 하기에 부적절해서 강의를 망친 적도 있다. 어떤 때는 일반 식당에서 마이크도 없이 강의한 적도 있는데, 이는 모두 필자가 철저히 따져 보지 않은 탓이다. 이런 경험을 몇 번 한 이후로는 앞의 질문들을 꼼꼼히 따져 보며 준비한다.

이러한 질문들에 답하며 상대에 대한 사전 준비가 끝나면 설득 효과를 높일 수 있다. 한 가지 사례를 보자. 범저范雎가 내정 개혁을 위해 진나라 소왕을 설득하는 장면이다. 이 장면을 이해하려면 먼저 위나라 사람 범저가 어떻게 진나라까지 흘러들어갔는지 살펴봐야 한다.

범저는 위나라 왕을 섬기려 하였으나 집이 가난하여 활동할 자금을 마련하지 못하자 우선 위나라 중대부中大夫 수가須賈를 섬겼다. 범저는 수가가 왕의 명을 받아 제나라에 사신으로 가게 되자 그를 따라갔다. 그러나 몇 달을 머물렀으나 수가는 제나라로부터 제대로 회답을 얻지 못했다. 제나라 양왕은 범저가 변론에 뛰어나다는 말을 듣고 사람을 보내 금 10근과 쇠고기, 술 등을 보내왔다. 범저는 이를 거절하여 감히 받지 않았으나, 그 사실을 안 수가는 범저가 제나라에 위나라의 기밀을 팔아먹었기 때문에 그런 선물을 받은 것이라

의심한 나머지 격노하였다. 수가는 범저에게 쇠고기와 술만 받고 금은 돌려보내도록 하였다.

위나라로 돌아온 수가가 범저의 일을 곧 재상 위제魏齊에게 보고하자 위제 역시 크게 노하여 범저를 처벌하도록 하였다. 범저는 심한 매를 맞고 갈비뼈와 이빨이 부러졌다. 견디다 못한 그가 죽은 척을 하자 멍석으로 둘둘 말아 뒷간에 버려두고 술 취한 사람들로 하여금 거기에 오줌을 누게 하였다. 다시없는 모욕을 가함으로써 뒷날에 함부로 국가 기밀을 누설하는 자가 없도록 하려는 것이었다.

범저는 멍석에 싸인 채 지키는 사람을 회유했다.

"당신이 나를 여기서 벗어나게 해준다면 반드시 후한 사례를 하겠소."

그의 도움으로 탈출에 성공한 범저는 위나라 사람 정안평鄭安平의 보호를 받아 이름을 장록으로 바꾸고 숨어버렸다. 그 무렵 진나라 소왕昭王이 왕계를 위나라에 사신으로 보냈다. 정안평은 신분을 속이고 왕계의 하인으로 들어갔는데, 마침 왕계가 이렇게 물었다.

"위나라에 혹시 우리 진나라로 데리고 갈만한 훌륭한 인물은 없소?"

정안평이 옳다구나 하고 이렇게 말하였다.

"저희 마을에 장록 선생이라는 분이 있습니다. 마침 당신을 뵈옵고 천하대세에 대해 말씀드리고 싶다고 합니다. 그러나 그에게 원수가 있기 때문에 낮에는 나다닐 수가 없습니다."

그날 밤 범저를 만난 왕계는 그의 훌륭한 재능을 알아차리고 수레에 태워 진나라로 들어갔다.

당시 진나라는 소왕의 어머니 선태후가 권력을 좌지우지하는 상황이었다. 그뿐 아니라 선태후의 아우 양후와 화양군, 소왕의 동생인 고릉군과 경양군의 권력과 재물은 왕실을 능가할 정도였다. 이러한 상황에서 소왕이 왕권 강화를 꾀하는 것은 당연한 일이었다. 범저는 진소왕을 설득하기 전에 상황과 문제를 정확히 파악하고 이렇게 말했다.

신은 "나라를 잘 다스리는 자는 안으로 위엄을 굳히고, 밖으로는 권력을 무겁게 한다."고 들었습니다. 그런데 양후는 대왕의 중요한 권력을 장악하여 마음대로 사신을 보내 제후들을 다루고, 천하의 땅을 나눠 사람을 봉하고, 적을 무찌르고, 나라를 치는 등 진나라의 국사를 전횡하다시피 하고 있습니다. 싸움에서 이기면 그 이익을 자기의 것으로 만들고, 싸움에 패하면 백성들을 원망하며 그 화를 다른 나라에 돌립니다. 〈시〉에 "나무 열매가 지나치게 많으면 가지가 부러지고, 가지가 부러지면 나무의 기를 해친다. 도읍이 너무 크면 나라가 위태롭고, 신하가 높으면 임금은 낮아진다."고 하였습니다.

최저 · 요치의 예를 보십시오. 그들은 모두가 제나라 국정을 맡고 있었습니다만, 최저는 제나라 장왕의 다리를 활로 쏘아 죽이고, 요치는 민왕의 힘줄을 뽑아내어 밤새도록 사당 대들보에 매달아 죽였습니다. 조나라 이태는 국정을 장악하자, 무령왕을 사구에 유폐시켜 100일 만에 굶어 죽게 하였습니다. 그런데 지금 진나라에서는 태후와 양후가 나랏일을 도맡고, 고릉군 · 화양군 · 경양군이 이를 도와 진나라 왕을 안중에 두지 않고 있다 하니, 이 또한 요치 · 이태와 같은 무리와 다를 바가 없습니다.

또한 하 · 은 · 주 삼대 왕조가 차례로 망한 까닭은, 임금이 정권을 신하에게 맡겨둔 채 술에 빠지고 사냥이나 하며 직접 정사를 돌보지 않았기 때문입니다. 또 정권을 맡은 신하가 현인을 시기하고, 유능한 자를 미워하며, 아래를 누르고 위를 가로막아 사욕만을 채우고, 임금을 위한 계책을 세우지 않건만, 임금이 그것을 깨닫지 못하였기 때문에 나라를 잃은 것입니다. 그런데 지금 진나라에서는 지방 수령을 비롯한 모든 높은 벼슬아치로부터 심지어는 왕 좌우에 있는 신하들까지, 상국 양후의 측근이 아닌 자가 없습니다. 신이 보는 바로는 대왕께서는 조정에서 철저히 고립되어 있습니다. 신은 두려워하건대 만세 뒤에 진나라를 통치하게 될 사람은 대왕의 자손이 아닐 수도 있지 않을까 하는 것입니다.

여기서 범저는 당시 진나라의 상황을 파악하고 문제가 심각하니 내정 개혁이 불가피하다고 주장하고 있다. 그리고 지금 개혁하지 않으면 "만세 뒤에 진나라를 통치하게 될 사람은 대왕의 자손이 아닐 수도 있지 않을까 하는 것입니다."라고 위기를 강조하여 설득에 성공한다. 진나라 소왕은 범저의 이야기를 듣고 태후를 폐하는 한편, 양후 · 고릉군 · 화양군 · 경양군을 내쫓는다.

그러고 나서 범저는 진나라 바로 옆에 위치한 위나라와 한나라를 쳐야 한다고 주장하며 가장 먼저 두 나라의 위험성을 강조했다. 즉, 문제를 제기하고, 그 문제로 인한 위기를 강조한 것이다. 범저가 주장한 한나라의 위험성은 무엇일까? 다음의 말이 그 답이 된다.

진나라와 한나라는 지형이 서로 얽혀 있어 마치 수라도 놓은 것처럼 되어 있습니다. 진나라에 있어서 한나라의 존재는 나무에 좀 벌레가 있고, 내장에 병이 있는 것과 같습니다. 천하에 변이 없으면 모르거니와 만일 변이 생기게 되면 진나라의 적으로 한나라보다 더한 나라가 없습니다.

이 말은 원교근공 원칙의 시작을 알린다. 범저는 먼 나라와는 우호적인 관계를 맺고 가까운 나라는 공격하는 방법으로 실리를 추구한다. 진 소왕은 범저의 원교근공 책을 받아들여 전국시대를 통일하는 기반을 닦는다.

반대로 상대방의 상황이나 문제를 파악하지 않고 설득하려다 실패한 사례를 보자. 소진이 처음부터 합종책을 주장한 것은 아니었다. 소진은 처음 진나라에 유세를 하러 갔을 때만 해도 연횡책을 주장했다. 소진은 진나라 혜문왕에게 이렇게 말했다.

진나라는 사방이 요새와 같은 나라로서 산과 강을 끼고 있어 천혜의 지역이라 할 수 있습니다. 진나라 사람들에게 병법을 가르친다면 천하를 흡수하고 황제皇帝라는 칭호를 들을 수 있을 것입니다.

그러나 혜문왕은 다음과 같이 거절한다.

새도 깃털이 나서 자라기까지는 높이 날지 못하오. 우리나라 정치가 정돈될 때까지 다른 나라를 병합하는 일 따위는 생각조차 못할 일이오.

혜문왕이 이렇게 거절한 이유를 이해하려면 당시의 진나라 상황을 살펴볼 필요가 있다. 혜문왕은 선왕 효공이 죽고 즉위한 지 얼마 지나지 않은 상황에서 급한 숙제가 있었다. 상앙을 처리하는 문제였다. 상앙은 효공에 의해 등용되자 강력한 법을 만들어 시행했다. 재상으로 있는 10년 동안 그를 원망하는 사람들이 많았다. 혜문왕이 태자였을 때 겪은 다음 일화는 왜 상앙을 제거하는 일이 급선무가 되는지 잘 설명하고 있다.

> 상앙이 새로운 법령을 만들어 시행하였을 때, 마침 태자혜문왕가 법을 어기는 일이 벌어졌다. 그러자 상앙은 이렇게 말했다.
>
> "법을 잘 시행하지 못하는 것은 위에 있는 자부터 법을 지키지 않기 때문이오."
>
> 그는 법에 따라 태자를 처벌하려고 하였다. 그러나 임금의 뒤를 이을 태자를 형벌에 처하기는 어려운 일이었다. 이에 태자의 태부 공자건을 대신 처형하고, 태사 공손고를 경형黥刑, 이마나 팔뚝에 먹으로 죄명을 써넣는 형벌에 처하였다.

강력한 법을 만들어 진나라를 부강한 나라로 만드는 데 큰 공을 세운 상앙이었지만, 그는 이 과정에서 태자뿐 아니라 많은 귀족들을 적으로 만들었다. 이러한 상황에서 왕위에 오른 혜문왕은 다른 나라를 공격하여 땅을 차지하는 것보다 상앙을 처리하는 일이 더 급한 문제였다. 그러니 소진이 말하는 연횡책이 귀에 들어오지 않았던 것이다.

상앙은 결국 모반을 꾀했다는 누명을 쓰고 죽게 된다. 그 뒤 장의는 같은 연횡책으로 혜문왕을 설득하는 데 성공한다. 상앙을 정리한 후라 국내 정치가 어느 정도 안정됐다고 판단한 혜문왕이 관심을 밖으로 돌릴 만한 여유가 생겼기 때문이다. 이처럼 소진은 상황을 잘 파악하지 못해 설득에 실패했고, 장의는 상황을 파악하고 시기적절하게 설득하여 성공한 것이다.

이와 같이 다른 사람을 설득하려면 미리 상대의 상황을 파악하는 것이 중요하다. 그렇다면 어떻게 해야 상대를 잘 파악할 수 있을까? 필자는 기업체나 각종 교육기관 혹은 단체를 대상으로 강의 영업을 할 때 교육 담당자를 만나기 전에 미리 상황을 파악해 둔다. 예를 들어, 상공회의소를 대상으로 강의 영업을 할 때는 현재 그곳에서 어떤 강의를 하는지, 강사는 어떤 사람인지 등을 미리 조사한다. 방법은 의외로 간단하다. 해당 상공회의소 홈페이지에 들어가 훑어보는 것이다. 또는 상공회의소에서 발간하는 소식지를 보면 그동안의 활동 내용이 다 나와 있어 누가 어떤 강의를 하는지 금방 알 수 있다. 이러한 정보를 바탕으로 강의 프로그램을 계획하고 제안한다.

상대에게 어떤 문제가 있는지도 사전에 파악할 수 있으면 좋다. 그런데 문제는 상황처럼 겉으로 드러나지 않는다는 것이다. 그렇더라도 미리 준비하는 자세는 중요하다. 만약 문제를 미리 파악한 경우라면, 설득 시 문제를 제기하는 것도 한 가지 방법이다. 범저의 설득에서도 문제를 제기하는 장면을 엿볼 수 있다.

양후는 대왕의 중요한 권력을 장악하여 마음대로 사신을 보내 제후들을 다루고, 천하의 땅을 나눠 사람을 봉하고, 적을 무찌르고, 나라를 치는 등 진나라 국사를 전횡하다시피 하고 있습니다. 싸움에서 이기면 그 이익을 자기 봉읍인 도 땅의 것으로 만들고, 싸움에 패하면 백성들을 원망하며 그 화를 다른 나라에 돌립니다.

범저는 이렇듯 문제를 제기한 다음에 그 문제로 인한 손해와 위기를 강조하여 설득에 성공한 것이다.

필자가 강의 기회를 얻기 위해 여러 번 방문한 한 단체가 있었다. 보통 그 정도 방문하면 강의 기회를 주게 마련인데, 그 단체는 아무런 기회도 주지 않았다. 이러한 경우에 필자는 대놓고 이렇게 질문한다.

"제게 강의를 주지 않는, 제가 모르는 문제가 있습니까?"

그러면 예상 밖의 질문을 받은 교육 담당자는 미안하다는 표정을 지으며 그럴 수밖에 없는 자신들의 상황에 대해 설명해 주었다. 이렇게 문제를 공유하고 나면 문제를 해결할 수 있는 길이 보인다. 이때부터가 문제를 해결하는 새로운 시작점이 되는 것이다.

2_ 욕구 파악하기

정화조와 같은 오수 처리 장비를 만드는 회사에서 세일즈 강의를 한 적이 있다. 자사 제품으로 고객이 얻을 수 있는 가장 큰 이익을 한마디로 작성해 보는 실습을 했다. 대부분의 영업인들이 '완벽한 오수 처리'나 '확실한 사후관리'와 같이 제품의 특징이나 장점을 강조했다. 그래서 필자는 다시 한 번 물었다.

"여러분 회사의 제품을 구매하려는 거래처의 가장 큰 욕구는 무엇일까요?"

영업인들은 선뜻 답하지 못했다. "구매 회사는 무엇을 얻고자 여러분 회사의 제품을 구매할까요?"라며 재차 질문해도 "정화 시설을 설치하려고요."라는 답변만 돌아올 뿐이었다. 그렇다면 정화조와 같은 환경시설을 구매해서 설치하려는 건설회사의 가장 큰 욕구는 무엇일까? 당연히 준공 검사에서 별다른 문제없이 승인받는 것이다. 따라서 이 회사가 줄 수 있는 가장 큰 이익은 '확실한 준공 검사'가 되어야 한다. 이처럼 상대 욕구를 제대로 파악하지 못하면 엉뚱한 이익을 제시할 수밖에 없어 설득은 실패로 끝나고 만다. 상대의 의중을 제대로 파악하여 원하는 바를 알아야 효과적으로 설득할 수 있다.

어떤 이가 제齊나라 왕에게 물었다.

"왕께서는 어찌하여 주최가 주周나라 태자가 되도록 그에게 땅을 떼어 주지 않습니까?"

이에 제나라 왕은 사마한을 주나라로 파견하여 주최에게 땅을 떼어 주도록 하였다. 이때 유세객 좌상이 사마한에게 말하였다.

"만약 주나라가 이를 거절하면 그대는 곤경에 처하게 되며, 결국 주나라와의 외교도 단절될 것임을 알아야 합니다. 그러니 주나라 임금에게 이렇게 말씀하십시오. 즉, '누구를 태자로 삼으시렵니까? 사람을 시켜 몰래 저에게 알려 주십시오. 그러면 제가 왕에게 요청해 태자가 될 사람에게 땅을 떼어 주도록 정하겠습니다.' 라고요."

– 『전국책』

여기서 좌상은 어림짐작으로 태자가 될 만한 사람에게 땅을 선물하는 것보다 사전에 상황을 파악하여 태자 책봉이 확실시되는 사람에게 땅을 떼어 주는 것이 훨씬 확실한 방법이라고 말하고 있다.

앞서 신뢰를 얻기 위해 칭찬을 할 때는 상대가 듣고 싶어 하는 칭찬을 하는 것이 가장 좋은 방법이라고 했다. 마찬가지로 상대가 무엇을 원하는지 알고 있다면 상대를 설득하기가 한결 수월할 것이다. 이때 가장 쉽고 확실한 방법은 질문이다. 질문은 상대방의 문제와 욕구 혹은 필요를 파악할 수 있는 아주 유용한 도구이다. 질문으로 상대 욕구를 파악했다면 상대가 듣고 싶어 하는 이야기를 하여 좀 더 쉽게 설득할 수 있다.

상대 욕구를 정확히 파악하여 설득한 사례를 하나 더 살펴보자. 앞서 2장에서 자공이 어떻게 제나라 전상의 호기심을 자극하여 관심을 끌었는지 언급했다. 자공은 일단 전상의 관심을 끈 다음 전상의 욕구를 정확히 짚어내어 그것을 충족하는 말로 설득을 시작했다.

나는 나라 안에 걱정이 있으면 강한 적을 치고, 걱정이 나라 밖에 있으면 약한 적을 친다고 들었습니다. 그런데 지금 상공의 걱정거리는 나라 안에 있습니다. 듣건대 제나라 임금께서는 상공을 세 번이나 군君에 봉하려 하였으나, 세 번 다 실패하고 말았다고 합니다. 그것은 제나라 대신들 가운데 반대하는 사람들이 있기 때문입니다. 그러한 형편에서 상공이 노나라를 쳐서 대승하여 제나라의 영토를 넓혀 보십시오. 싸움에서 이겼다고 하여 임금의 마음을 더욱 교만하게 할 뿐이며, 노나라를 깨뜨린 것으로 대신들의 위세만 더하게 할 뿐입니다. 상공의 공로는 인정받지 못할 것이며, 임금과의 거리만 멀어지게 될 것입니다. 결국 상공께서는 위로는 임금의 마음을 교만하게 하고, 아래로는 여러 신하들의 세력만을 키워 주는 꼴이 될 것이니, 상공께서 바라는 큰일을 이루기가 더욱 어렵게 될 뿐입니다.

(중략)

이에 오나라를 치는 것이 유리하다고 말씀드리는 것입니다. 오나라를 쳐서 이기지 못할 경우, 백성들은 밖에서 싸워 죽게 되고, 대신들은 안에서 발판을 잃게 됩니다. 결국 상공으로서는 위로는 강한 적이 없어지고, 아래로는 백성들의 비난을 받지 않게 되며, 임금을 고립시켜 제나라를 마음대로 할 수 있는 사람은 오직 상공만 남게 됩니다.

전상이 노나라를 치려는 목적은 노나라를 정벌하려는 것이 아니라 제나라 내부의 권력투쟁에서 승리하여 권력을 독차지하겠다는 데 있다. 그런데 자공은 노나라를 쳐서 이겨 봤자 오히려 왕과 귀족들 세력만 키워 주는 형상이라며, 오히려 강한 오나라를 쳐야 제나라 권력을 독차지할 수 있다고 설득한다. 자공은 전상의 욕구를 정확히 꿰뚫어 본 것이다.

큰 이익을 본 나라는 월나라다. 월나라는 오나라에 복수하고 패권국으로서 우뚝 서는 결과를 얻었기 때문이다. 구천이 오나라에 복수할 수 있는 좋은 방법을 묻자, 자공은 이렇게 일러 준다.

"오나라 왕은 사람됨이 사납고 잔인하여 신하들조차 견뎌 내기 어려울 지경입니다. 나라는 거듭되는 전쟁으로 극도로 피폐해졌고, 사졸들은 더 이상 참을 수 없는 형편에 놓여 있습니다. 백성들은 왕을 원망하고, 대신들은 충성을 바치지 않고 있습니다. 충신 오자서伍子胥는 간언하다가 죽었고, 태제太宰 백비伯嚭는 말로는 정치를 하고 있으나 임금의 잘못을 그대로 따르며 다만 자신의 사욕만을 채우려 하고 있으니, 참으로 나라를 망치는 정치라 아니할 수 없습니다. 만일 왕께서 원군을 보내어 오나라 왕의 뜻을 받들며 귀중한 보물을 바쳐 환심을 사고 정중히 예를 갖추면, 그는 마음 놓고 제나라를 칠 것입니다. 그리하여 만일 오나라 왕이 제나라에 패하면 그것은 왕의 복이 되는 것이며, 만일 이길 경우에는 틀림없이 군사를 이끌고 진晉나라로 향하게 될 것입니다. 그렇게 되면 저는 북쪽으로 올라가 진晉나라 왕을 만나 함께 오나라를 치도록 설득하겠습니다. 그러면 틀림없이 오나라를 약하게 만들 수 있습니다. 오나라 정예부대는 제나라와의 싸움에서 모두 꺾이게 되고, 중장비를 갖춘 군사는 진나라에서 고통을 겪게 될 것이니, 왕께서 이렇게 지쳐버린 오나라를 누르게 되면 오나라는 틀림없이 멸망하고 말 것입니다."

그러자 구천은 크게 기뻐하며 이를 승낙하였다. 그리고 자공에게 황금 100일鎰과 칼 한 자루, 좋은 창 두 자루를 선사하였다. 그러나 자공은 그것들을 받지 않고 떠나와 오나라 왕에게 보고하였다.

"신은 삼가 대왕의 말씀을 월나라 왕에게 전하였습니다. 월나라 왕은 크게 송구스러워하며 '저는 불행하게도 어릴 때 아버지를 잃고 분수도 생각하지 못한 채 오나라에 죄를 범하였습니다. 그러나 싸움에 패해 몸은 욕을 당하고 회계에 숨어 살게 된 까닭에 나라는 빈터가 되어 잡초만이 무성할 지경에 이르렀습니다. 그러나 다행히도 대왕의 은혜를 입어 다시 조상의 제사를 받들게 되었습니다. 죽어도 이 은혜는 잊을 수가 없습니다. 어떻게 오나라에 대해 음모를 꾸밀 수 있겠습니까?' 하고 말하더이다."

그로부터 닷새 뒤, 월나라는 대부 문종文種을 사신으로 보내어 머리를 조아리며 오나라 왕에게 이렇게 말하였다.

"동해 월나라 구천의 사자 신 문종은 사자로서 예를 차려 대왕의 신하를 통해 문안드리옵니다. 듣건대 대왕께서 이번에 대의의 군사를 일으켜 강국을 무찌르고 약소국을 구원하기 위하여 포학한 제나라를 징계하여 주나라 왕실을 편안히 하려 하신다기에 우리 월나라는 국내에 있는 군사 3천 명을 모두 동원하려 합니다. 또한 구천은 스스로 갑옷을 두르고 무기를 들어 앞장서서 적의 화살과 돌을 받고자 합니다. 그리하여 월나라의 천한 신하 문종은 선대에서 물려받은 갑옷 스무 벌과 도끼, 장인이 만든 굴로屈盧라는 창과 차고 다니면 빛이 나는 칼을 받들어 출정을 축하드립니다."

오나라 왕은 크게 기뻐하며 자공에게 물었다.

"월나라 왕은 몸소 과인을 따라 제나라를 칠 것을 바라고 있는데 이를 허락해도 좋겠소?"

그러자 자공이 답하였다.

"안 됩니다. 남의 나라를 텅 비게 해 놓고, 그 군사를 있는 대로 모두 동원하며, 또 그 왕까지 싸움터로 나가게 하는 것은 옳지 못한 일입니다. 대왕께서는 월나라의 예물을 거두시고 그 군사만을 허락하신 다음 그 왕의 종군은 사양하십시오."

오나라 왕은 자공의 의견을 따라 월나라 왕의 종군을 거절하였다. 이리하여 오나라 왕은 마침내 아홉 고을의 군대를 동원하여 제나라를 치게 되었다. 일이 이쯤 되자 자공은 또다시 오나라를 떠나 이번에는 진晉나라로 가서 왕에게 말하였다.

"신이 듣건대 '생각이 미리 정해져 있지 않으면 급한 일에 대처할 수가 없고, 군사가 먼저 정비되어 있지 않으면 적을 이기지 못한다.' 고 하였습니다. 지금 제나라와 오나라는 서로 맞붙어 싸움을 벌이고 있는데, 만일 오나라가 지면 월나라가 오나라를 공격할 것이 틀림없지만 오나라가 이기게 되면 틀림없이 그 군사를 몰고 진晉나라로 쳐들어오게 될 것입니다."

진나라 왕은 크게 겁내며 물었다.

"어떻게 하면 좋겠소?"

자공이 답하였다.

"군대를 갖추어 병사들을 편히 쉬게 하고 기다리십시오."

진나라 왕은 그렇게 하겠노라며 승낙하였다. 자공은 진나라를 떠나 다시 노나라로 향하였다. 오나라 왕은 예정대로 제나라와 애릉艾陵에서 싸워 제나라 군사를 대파하고 장군 7명이 이끄는 군사를 포로로 잡았다. 오나라 왕은 돌아가지 않고 과연 군대를 이끌고 진나라로 향하였다. 그리하여 진나라 군사와 황지黃池에서 마주쳐 서로 자웅을 겨루었지만, 오나라가 대패하고 말았다.

월나라 왕이 이 소식을 듣자 곧바로 강수江水를 건너 오나라를 습격해 들어가 오나라 도성에서 7리 떨어진 곳에 진을 쳤다. 오나라 왕은 급보를 접하고 진나라를 버리고 돌아와 월나라와 오호五湖에서 싸웠으나 세 번 모두 패하고, 결국 월나라 군대에 도성까지 내주었다. 월나라 군사는 오나라 왕궁을 포위하여 오나라 왕 부차를 죽이고 재상 백비를 사형에 처하였다. 월나라 왕은 오나라에 승리한 지 3년 뒤에 동방 제후들 사이에서 패자가 되었다.

이와 같이 자공이 한 번 나섬으로써, 노나라를 구하고 제나라를 뒤흔들었으며 오나라를 격파하고 진나라를 강대하게 만들었으며 월나라를 패자로 만들었다. 자공이 종횡무진 활약함으로써 각국의 형세가 뒤바뀌어 10년간 5개국에 각각 커다란 변화가 일어났다.

자공이 설득하는 모습을 보고 있노라면 마치 퍼즐 조각을 하나하나 맞춰 나가는 것 같다. 수많은 퍼즐 조각 가운데 하나라도 맞지 않으면 퍼즐은 완성할 수가 없다. 자공이 각국의 왕을 설득하여 복잡한 퍼즐을 맞출 수 있었던 것은 당시 각국의 상황과 문제 그리고 욕구를 정확히 파악했기 때문에 가능한 일이었다.

질문과 관찰하기

1_ 질문하기

설득을 할 때 신뢰를 획득하는 일이 사전 작업이라면 상대의 현재 상황은 어떠한지, 문제는 무엇인지, 어떤 약점이 있는지, 숨겨진 욕구는 무엇인지 따위를 알아내는 일은 설득을 위한 기초 작업이라고 할 수 있다. 따라서 설득할 상대의 문제를 탐색하는 일은 성공적인 설득을 위해 매우 중요하다. 문제를 알아야 올바른 해결책을 제시할 수 있기 때문이다.

상황과 문제를 알아내려면 사전 조사, 질문, 관찰하는 방법이 있다. 상대방에 대한 기초 정보를 미리 조사하지 않고 일단 부딪쳐 보자는 자세는 때때로 필요한 방법일 수 있으나 설득에 성공할 가능성은 높지 않다. 왜냐하면 상대를 제대로 알고 있어야 설득을 위한 사전 준비를 할 수 있기 때문이다.

그런데 불가피하게 사전에 파악할 수 없는 경우도 있다. 이때는 직접 질문하는 방법이 유용하다. 이때 유념해야 할 사항은 상대의 문제를 알고 있더라도 직접 문제를 제기하는 것보다 상대가 직접 자신의 문제를 말하도록 유도하는 질문법이 좀 더 효과적이라는 점이다. 자신의 문제를 다른 사람이 대놓고 드러내면 유쾌하지 않기 때문이다. 질문을 하여 상대가 스스로 말하도록 하는 것은 상대의 기분을 상하지 않게 하면서 자신의 문제를 더 깊이 파고들게 만드는 효과가 있다. 다음에 나오는 질문 유형을 활용하면 상대의 문제를 효과적으로 파악할 수 있다.

· "현재 불편한 점은 무엇입니까?"
· "가장 시급하게 해결해야 할 문제가 있다면, 그것은 무엇입니까?"
· "제가 알고 있는 것 외에 다른 문제는 없습니까?"
· "그 문제는 언제부터 시작되었습니까?"
· "그런 일이 얼마나 자주 일어납니까?"
· "현재 사용하는 서비스에 만족하십니까?"

당신의 팀원들이 요즘 들어 부쩍 지각이 늘었다고 가정해 보자. 팀원들이 지각하는 이유, 즉 무엇이 문제인지를 알지 못하면 해결책을 찾을 수 없다. 팀원들의 상황이나 문제를 모른 채 야단만 치거나 지시만 한다면 일시적으로 문제가 해결될 수는 있으나 팀원들의 마음까지 움직일 수는 없다. 당신이 다음과 같이 질문할 수 있다면 소통 능력이 있는 리더로서 자격을 갖추었다고 볼 수 있다.

· "김 대리가 자주 지각할 사람이 아닌데, 혹시 집안에 무슨 일 있어요?"
· "김 대리가 요즘 자주 늦는데, 무슨 특별한 이유가 있습니까?"

다른 이들에게 동기를 부여하고 싶을 때에도 질문을 통해 먼저 상대의 상황과 문제 그리고 욕구를 알아내야 한다. 그래야 효과적인 동기부여 방법을 생각해 낼 수 있다. 질문은 상대가 자신의 상황과 문제 그리고 욕구를 자각하도록 유도하는 효과가 있다. 사람들은 질문을 받으면 답을 생각하게 되고, 그 과정에서 그동안 미처 알지 못했던 사실을 깨닫게 된다.

· "현재 상황은 구체적으로 어떠한가요?"
· "정말로 문제가 되는 것은 무엇입니까?"
· "그것과 관련하여 어려움은 무엇입니까?"
· "애로 사항을 좀 더 자세히 설명해 주겠습니까?"

미국 최고의 세일즈 교육회사인 덩컨그룹의 토드 덩컨Todd Duncan 사장은 세일즈 기법을 강의할 때 항상 참석자들을 두 사람씩 짝짓도록 한다. 그가 쓴 『최고의 세일즈맨은 신뢰를 판다』에 나오는 이야기를 한번 보자.

내가 "시작!"을 외치면 첫 번째 사람이 30초 동안 자기 펜을 상대방에게 판다. 그때 사람들을 관찰해 보면, 대개는 하지 말아야 할 중요한 한 가지를 발견할 수 있다. 모두 말만 한다. "그만!"이라고 소리쳐도 모두 지금까지 배운 대로 펜을 팔기 위해 말을 멈추지 않는다. 어떻게든 물건을 팔려고 한다. 고집스러운 면은 높이 사 줄 만하다. 하지만 신뢰를 얻는 최고의 세일즈맨이 되려면, 말하는 것과 물건 팔기에 성공하는 것 사이에는 반비례 관계가 있다는 사실을 알아야 한다.

이 실습을 하고 난 다음, 참석자들 모두에게 이런 질문을 했다.

"잠재고객을 상대로 당신의 펜에 대해 말하기 전에, '어떤 펜을 원하십니까?' 라는 질문을 한 사람이 있습니까?"

손을 드는 사람은 거의 없었다.

"당신이 팔고 있는 펜이 잠재고객이 원하는 것이라고 100퍼센트 확신한 사람이 있습니까?"

이 질문에도 손을 드는 사람은 거의 없었다. 여기에서 한 걸음 더 나아간 질문을 했다.

"펜을 팔기 전에 잠재고객이 펜을 사러 왔는지 확신한 사람이 있습니까?"

아무도 손을 들지 않았다.

세일즈를 할 때 잠재고객에게 질문하여 그들의 상황과 문제 그리고 욕구를 알아내는 과정은 무척 중요하다. 마찬가지로 사람들을 설득하고자 한다면 질문으로 상대방의 상황과 문제를 정확히 파악해야 한다. 그리고 그것들로 인한 더 큰 잠재적 문제가 있다는 사실을 상대가 자각하도록 해야 효과적으로 설득할 수 있다. 뒤에서 다시 한 번 설명하겠지만, 소대는 범저를 설득하는 과정에서 다음과 같은 질문을 던진다.

조나라가 멸망하면 진나라 왕은 천하의 제왕帝王이 되고, 무안군백기은 삼공三公의 지위에 오르겠군요. 지금 조나라가 망하고 진나라 왕이 천하의 제왕이 되면 무안군이 삼공이 될 것은 뻔한 일입니다. 그러면 상공께서는 그의 밑에 자리하게 되는 것을 참을 수 있겠습니까?

여기서 범저의 문제는 전쟁에서 이기는 것보다 공이 많은 백기 장군이 더 높은 자리에 앉는 것이다. 그래서 소대는 "상공께서는 그의 밑에 자리하게 되는 것을 참을 수 있겠습니까?"라고 범저에게 묻는다. 이 질문을 받은 범저의 머릿속에는 어떤 그림이 그려졌을까? 아량이 없는 백기가 자기보다 더 높은 자리에서 으스대거나 많은 사람들이 그를 떠받드는 장면이 떠올랐을 것이다.

이처럼 문제나 상황을 잠재적인 문제로 연결하는 것은 비즈니스에서도 종종 활용하는 기법이다. 다음과 같은 질문은 고객의 머릿속에 더 큰 위기와 손해를 떠오르게 만든다.

· "이직률이 높으면 생산성에 어떤 영향을 미칩니까?"

- "그 문제가 생산성에 어떤 영향을 미칩니까?"
- "그것 때문에 어느 정도의 추가 비용이 발생하나요?"
- "그것이 생산 라인에 어떤 문제를 야기할까요?"
- "단가가 높아지면 고객들은 어떤 반응을 보일까요?"

먼저 문제를 파악한 다음, 그 문제로 인해 조만간 일어날 더 큰 문제나 손해 혹은 불만족 사항에 대하여 질문하면 상대를 효과적으로 설득할 수 있다. 이런 질문은 문제에 대한 해결 방법을 본인이 갖고 있다는 사실을 상대에게 암시하는 효과도 있다.

2_ 관찰하기

상대의 상황과 문제 그리고 욕구를 파악하려면 관찰력도 중요하다. 때로는 자신의 문제가 무엇인지 모르는 사람도 있다. 이들을 잘 관찰하여 본인도 알지 못하는 문제를 발견하여 깨닫게 한다면 설득하기가 한결 수월해진다. 훌륭한 코치나 교사, 상사, 리더들은 조직과 구성원들을 세심하게 관찰하여 무슨 문제가 있는지, 구성원들이 원하는 것이 무엇인지를 잘 파악하는 사람들이다.

이것은 일종의 '관점 바꾸기'와도 일맥상통한다. 즉, 상대의 관점에서 문제를 바라보면 그가 무엇을 원하는지, 왜 그렇게 행동했는지 상대의 의도를 제대로 파악할 수 있기 때문이다. 비즈니스에서도 관찰은 중요하다. 고객을 제대로 관찰해야 고객의 상황과 문제 그리고 욕구를 파악하여 적절히 대응할 수 있기 때문이다.

필립 델브스 브러턴Philip Delves Broughton은 『장사의 시대』라는 책에서 유능한 세일즈맨이 되려면 '손님의 동기를 정확히 간파하는 능력'이 중요하다고 말했다. 세일즈맨은 고객과 고객의 요구를 평가한 뒤에 어떻게 접근할지 파악해야 한다. 직관력이 뛰어나야 하고, 사람들을 재빨리 읽어 낼 줄 알아야 한다. 고객의 동기와 욕구를 정확히 간파하는 능력은 고객이 원하는 제품을 알아내는 것만큼 중요하다.

제약회사 영업 사원이 시간에 쫓기는 의사를 방문할 때는 의사가 몇 분밖에 짬을 내지 못하고, 약에 관한 장황한 강의를 들을 생각이 없다는 사실을 알아야 한다. 사람들을 관찰하고 경청하면서 그들이 흘린 단서를 정확히 읽고 대처하는 능력은 어떤 일을 하건, 어떤 상황에 처해 있건 간에 누구에게나 중요하다. 필립 델브스 브러턴이 내린 결론은 이렇다.

> 최고의 세일즈맨이 갖춘 능력만 있다면 사회의 어디서나 성공할 수 있다. 사회에서의 성공은 대개 다른 사람을 '읽고' 자신의 행동과 전략을 '조율'해서 목적을 '달성'하는 데서 시작되기 때문이다.

관찰력을 발휘하여 실제로 이름을 날린 사람이 있다. 유경劉敬은 제나라 사람으로 한漢나라가 세워진 지 5년이 되었을 때, 한고조 유방을 만나 낙양에 도읍을 정한 것은 잘못됐으니 함곡관을 넘어 옛

진秦나라 땅에 도읍을 정하는 것이 안전하다는 주장을 편다. 그때는 나라를 세운 지 얼마 되지 않아 정국이 늘 불안한 상황이었다. 제후들이 또 언제 반란을 일으킬지 아무도 알 수 없는 시국이었다. 옛 진나라 수도 함양咸陽 땅은 산으로 둘러싸여 쉽게 공격을 당하지 않을 정도로 천연 요새였다. 그곳에 도읍을 정하면 산 너머 동쪽 땅에서 반란을 일으키더라도 함곡관 너머 땅은 지킬 수 있다는 논리를 편 것이다. 이 주장은 유경의 뛰어난 관찰력을 보여 주는 것으로 결국 고조에 의해 수락된다.

유경의 주장을 들어 보자.

진나라 땅은 산으로 둘러싸이고 황하를 두르고 있으며, 사방의 요새가 더없이 견고하게 지키고 있어 갑자기 위급한 사태에 직면하더라도 100만 대군을 배치하기에 충분합니다. 진나라 옛 땅은 하늘이 내린 것으로 다시없는 기름진 땅입니다. 폐하께서 관중으로 들어가 그곳을 도읍으로 정하시면 산동 땅이 어지러워지더라도 진나라 옛 땅만은 고스란히 보존할 수 있습니다. 사람이 서로 싸울 때 상대편의 목을 조르고 그의 등을 치기 전에는 완전한 승리를 거둘 수 없습니다. 지금 폐하께서 함곡관에 들어가 그곳에 도읍을 정하시고 진나라 옛 땅을 차지하시면, 천하의 목을 조르고 그 등을 치는 것과 같다고 할 수 있습니다.

유경의 탁월한 관찰력을 보여 주는 일화가 하나 더 있다.

한漢나라 7년, 한신韓信이 반란을 일으켰다. 고조는 몸소 군대를 이끌고 진양에 이르렀는데, 한신이 흉노와 내통하여 함께 한나라를 치려 한다는 말을 듣자 크게 노하여 흉노에 사신을 보냈다. 흉노는 힘이 센 장정들과 살찐 소와 말들을 숨기고 노약자와 여윈 가축만 눈에 띄게 해두었다. 그 때문에 사신들이 열 명이나 갔는데도 돌아와서는 모두가 흉노는 칠 만하다고 보고하였다. 고조는 이번에는 다시 유경을 사신으로 보냈다. 그런데 유경은 돌아와 이렇게 보고하였다.

"두 나라가 교전하고 있을 때는 저마다 자기편이 이로운 점을 자랑하려 듭니다. 그런데 지금 신이 그곳에 도착하자 여위고 지쳐 보이는 노약자들만 눈에 띄었습니다. 이것은 틀림없이 약점을 보이고, 복병으로써 승리를 취하려는 계략입니다. 신의 어리석은 생각으로는 흉노를 칠 수 없다고 여겨집니다."

그 무렵 한나라 군대 20만 명이 이미 구주산 너머로 진격하고 있었다. 고조는 화를 내며 유경을 꾸짖었다.

"이 제나라 포로 녀석아! 입과 혀를 놀려 벼슬을 얻더니 이제 망언으로 우리 군대의 행진을 막을 셈이냐?"

그리고는 유경에게 칼을 씌워 옥에다 가둔 다음 진군하여 평성에 도착하였다. 흉노는 과연 복병을 내어 백등산에서 고조를 포위하였다가 7일 만에 풀어 주어 겨우 벗어날 수 있었다. 고조는 유경을 풀어 주며 말했다.

"나는 그대 말을 듣지 않았기 때문에 평성에서 욕을 당하게 되었소. 앞서 흉노를 치자고 말한 열 명의 목을 모조리 베었소."

관찰력이 얼마나 중요한지 잘 보여 주는 일화다. 그렇다면 똑같은 모습을 본 사신 10명은 왜 유경이 본 것을 보지 못했을까? 그냥 보기만 했기 때문이다. 세심한 관찰력을 발휘하여 다른 이들이 보지 못하는 것을 새롭게 발견하고, 그 정보를 바탕으로 상대를 설득해야 효과를 볼 수 있다.

그런데 문제는 겉으로 드러나는 상대의 모습과 속마음이 다르다는 것이다. 문제에 따른 적합한 해결책을 제시하여 상대를 설득하고자 한다면 겉으로 드러난 요구보다는 내면에 숨겨진 욕구를 알아채야 한다. 그것을 알아채는 데 사람의 성격은 중요한 단서가 될 수 있다. 성격은 타고난 성향과 오랜 인생 경험을 통해 획득된 성질이 복합적으로 작용하여 형성된다. 때문에 성격이라는 것은 사람마다 다르고 그만큼 복잡하다.

따라서 자주 만나는 사람이라면 그동안의 경험으로 미루어 성격을 어느 정도 파악할 수 있겠지만, 처음 보는 사람의 성격을 알기란 결코 쉽지 않다. 만약에 상대방 사무실이나 집을 처음 방문했을 때 그곳에 있는 물건이나 물건이 놓여 있는 상태나 위치 따위를 관찰하여 단번에 성격을 파악할 수 있다면 얼마나 좋을까? 그렇다고 모두 점쟁이가 될 필요는 없다.

미국 텍사스의 오스틴대학교 심리학과 교수인 샘 고슬링Sam Gosling은 개인 침실이나 사무실을 관찰하여 성격을 알아맞히는 연구를 실시하였다. 그리고 이것을 '스누핑snooping'이라고 칭하였다. 스누핑은 '흔적 살펴보기' 정도로 이해하면 될 것이다. 즉, 다른 사람의 사무실이나 집을 방문했을 때 그곳에 있는 물건이나 집기류 등이 놓여 있는 상태 따위를 살펴서 그 사람의 성격을 알아내는 방법이다. 당신이 스누핑으로 상대의 성격을 파악하고 제대로 대응한다면 설득 확률을 높일 수 있을 것이다. 다음에 나오는 다섯 가지 성격 유형과 스누핑은 샘 고슬링의 저서 『스눕』을 참고하여 정리하였다.

① 개방성

개방성이 높은 사람들은 아이디어가 많아서 회의나 모임에서 새로운 의견을 자주 제안한다. 그들은 추상적이고 새로운 것에 관심이 많으며 궁금한 것이 많다. 사색을 즐기고, 발명에 재능이 있으며, 예술적 감각이 뛰어나고 아름다운 풍경이나 꽃 등을 좋아한다. 또한 모험심이 강한 사람들이 많고, 새로운 것에 도전하기를 즐기며, 여행이나 색다른 체험을 열망한다. 지적인 부문에서도 새로운 지식에 개방적인 태도를 지니며 지적인 주제로 토의하는 것을 좋아한다.

그들은 사무실도 특색 있게 꾸민다. 장식의 패턴, 물건의 위치, 물건 자체를 포함해 뭔가가 평범하지 않고 구태의연하지 않은 독특한 면이 있다. 책도 다방면으로 많이 갖고 있다. 개방성이 높은 사람들은 새로운 것에 대한 거부감이 별로 없기 때문에 이들을 설득하기 위해서는 성실한 태도로 신뢰감을 주도록 행동하면 된다. 다만, 상대를 설득하는 초반에 그들의 호기심을 자극하면 효과를 높일 수 있다.

반대로 개방성이 낮은 사람들은 습관적으로 해오던 것을 바꾸려 하지 않는다. 그들은 새로운 것, 미지의 것보다는 익숙한 것을 선호하며, 불확실한 모험을 하려 하지 않는다. 개방성이 낮은 사람들은 새로운 것에 대한 의심이 많고 잘 수용하려 들지 않기 때문에 신뢰감을 심어 주는 것이 우선이다.

의심이 많은 사람들은 유인물, 상품 소개 책자, 사보 등을 보고도 쉽게 결정하지 못한다. 이들에게는 외부 전문가의 주장을 인용하면 설득하기가 한결 수월하다. 텔레비전이나 잡지, 신문 등에 실린 자료들을 이용하면 확실하게 신뢰감을 심어 줄 수 있다. 또한 상이나 특허를 받은 이력, 식품의약품안전청에서 승인을 받은 마크, 유명 인사나 지역 인사를 끌어들여 설득하면 신뢰를 얻는 데 도움이 된다.

② 성실성

성실성이 높은 사람들은 빈틈이 별로 없다. 그들은 믿음직스럽고 열심히 일하며, 목표 중심적이고 효율적이며 계획성이 뛰어나다. 또한 자기통제력이 높아 어렵거나 힘든 일이 있어도 목표를 달성하기 위해 지속적으로 노력한다. 이들은 무엇인가를 결정하는 데 충분한 시간을 두고 심사숙고한다. 이들은 강박적인 완벽주의자나 일 중독자일 수도 있다. 반대로 성실성이 낮은 사람들은 시간 개념이 약하고 부주의하며 충동적인 경향이 높다.

성실성이 높은 사람들은 주변을 잘 정리 · 정돈한다. 그들 주위를 보면, 조명은 밝고 청결하며 쾌적함과 안락함이 느껴진다. 어질러 놓은 구석은 한 군데도 없다. 그런 사람들의 방에는 스케줄 표나 수첩 등을 포함한 준비성이나 계획성을 보여 주는 물건들이 많은 경향이 있다.

성실성이 높은 사람을 설득하기 위해 만날 때는 반드시 사전에 약속을 하고 찾아가는 것이 좋다. 불쑥 찾아가는 것은 좋은 방법이 아니다. 또한 약속 시간을 잘 지키고 복장 등 단정한 외모에 신경을 많이 써야 한다. 가방이나 서류철도 깔끔하게 정리해 둘 필요가 있다. 그들은 자신들과 달리 약속 시간에 늦는다거나 복장이 단정하지 못한 이들을 불성실한 사람으로 판단하곤 한다.

그들을 설득하려면 전문가다운 면모를 발휘해야 한다. 철저한 사전 연습을 통해 정확하고 빈틈없는 모습을 보여 줄 때 그들의 신뢰감을 얻을 수 있다. 성실성이 높은 사람들은 절대 충동적으로 판단하지 않는다. 따라서 합리적이고 논리적으로 설득한 후에 그들이 결정할 때까지 충분한 시간을 주고 기다려야 한다.

③ 외향성

외향성이 높은 사람들은 수다스럽고 에너지가 넘치며 열정적이고 사람들을 쉽게 사귀며 친밀한 관계를 형성한다. 이들은 사람들과 어울리는 것에서 기쁨을 느끼고, 자극과 보람을 얻는다. 또한 이들은 사회생활에서 활동적이고, 자기주장이 강하며, 다른 사람들에게 지시하는 것을 좋아한다. 뭔가 흥미를 유발하는 것이 없으면 쉽게 지루함을 느끼며, 위험을 감수하고서라도 짜릿함을 추구한다. 반대로 외향성이 낮은 사람들은 말수가 적고, 조용하며, 수줍음이 많다.

외향적인 사람들은 대개 세련된 외모와 친근한 태도, 미소가 가득한 표정으로 자신감 있게 말한다. 그들의 사무실은 전체적으로 명랑하고, 사람들을 환대하는 분위기로 인물 사진을 즐겨 장식한다. 또한 화분이나 아이팟, 오디오 같은 음향기기 등을 설치해 안락한 공간을 꾸미기도 한다. 서핑보드, 스노보드, 스케이트보드 등이 보이면 모험이나 자극적인 것을 추구하는 사람일 가능성이 높다. 상대방과 힘차게 악수하는 사람들은 보다 덜 내성적이고, 덜 예민하며, 덜 소심한 경향이 있다. 그들은 긍정적인 감정을 담은 언어를 많이 사용하고, 부정적인 단어의 사용은 가능한 한 피한다.

외향적인 사람은 말이 많고 자신의 생각을 잘 표현하므로 질문을 많이 하면 좋다. 한편으로는 대화할 때 엉뚱한 주제로 빠질 수도 있으므로 주의해야 한다. 이들은 자신을 표현하려는 욕구가 강하다. 따라서 해결책을 수용했을 때의 모습을 시각화할 수 있도록 유도하는 것이 효과적이다.

문제는 말이 없는 내성적인 사람들이다. 그들은 아무리 말을 걸고 질문을 해도 자신의 생각을 솔직히 표현하지 않을 확률이 높다. 내성적인 사람들은 잘 모르는 사람에게는 속내를 털어놓지 않으며, 자신이 믿을 만하다고 생각하는 사람에게만 속마음을 말한다. 따라서 이런 사람들에게는 깊이 공감하고 있다는 사실을 알려 주고, 그들과 신뢰감을 쌓는 일이 우선이다.

④ 동조성

동조성이 높은 사람들은 사심 없이 다른 이들을 도와주는 것을 좋아하고, 동정심이 많으며, 친절하고, 사려 깊으며, 협조적이다. 또한 타인에게 쉽게 관용을 베풀고, 사람들과 신뢰 관계를 형성한다. 이들은 자신과 마찬가지로 대부분의 사람들이 공정하고 정직하며 좋은 의도를 지니고 있다고 생각한다. 그러므로 타인을 대할 때 가식적으로 대하거나 속이지 않는다. 솔직하고, 숨김이 없으며, 마음이 여리고, 인정이 많다.

이들은 공감 능력이 뛰어나기 때문에 다른 이들의 고통을 자기 일처럼 생생하게 느끼고, 쉽게 연민의 감정을 느낀다. 그리고 항상 부드러운 얼굴 표정을 유지하며, 친근한 표현을 자주 사용하고, 명랑하고 편안해 보인다. 사무실은 사람들이 많이 지나다니는 곳에 위치해 있다.

상대가 동조성이 높은 사람이라면 당신을 호의적으로 대할 가능성이 높다. 커다란 실수를 하지 않는다면 웬만한 것은 모두 이해해 주고, 당신 처지에서 생각하고 배려해 준다. 이런 사람들은 마음을 열고 솔직하게 대해야 한다. 그리고 사람들의 관심사에 대한 이야기를 많이 해야 한다. 당신을 좋아하고 신뢰했을 때 설득에 성공할 확률이 높기 때문이다.

문제는 동조성이 낮은 사람들이다. 이들은 타인의 단점이나 일의 잘못된 점을 찾는 데 예리하고, 전투적이며, 비판적이고, 냉담하며, 퉁명스럽다. 또한 자기 의견이 확실하고 무뚝뚝한 반면에, 다른 사람의 감정에 대해서는 무디고 상대방에 대한 배려심이 별로 없다. 동조성이 낮은 사람은 다른 사람들과 멀리 떨어진 곳에 앉으려는 경향이 있다.

이들은 처음 만날 때부터 냉랭하고 퉁명스럽게 대한다. 그리고 상대방의 기분이 상하건 말건 간에 전혀 신경 쓰지 않고 상처가 되는 말을 한다. 특히 주의할 점은 이들은 늘 자신이 옳다고 생각하기 때문에 상대와 대화가 잘 통하지 않거나 상대가 이해하지 못한다고 느낄 경우에 늘 언쟁할 준비가 되어 있다는 것이다. 따라서 최대한 정중하고 예의 바르게 대하여 트집을 잡히지 말아야 한다. 이들은 칭찬으로 치켜세워 주면 좋아한다.

⑤ 신경성

신경성이 높은 사람들은 쉽게 동요하거나 우울해하며 걱정이 많고 침울하다. 이들은 불안감이 높아 뭔가 위험한 일이 일어날지도 모른다고 생각한다. 늘 긴장하고 신경과민 상태로 안절부절하는 경향이 있다. 또한 공정한 대우를 받지 못하는 것에 매우 민감하며, 다른 사람에게 속으면 분개하고 비통해한다.

이들은 활기가 없고, 어떤 일을 시작하는 데 어려움을 느끼며, 무절제한 경향도 있어 순간적인 쾌락이나 보상에 대한 강렬한 욕구나 충동을 참지 못한다. 또한 쉽게 상처받고, 스트레스나 압박을 받을 때 공황 상태에 빠지거나 혼란스러워하고 무력감을 느낀다. 이들은 어두운 색상의 옷을 주로 입는다. 어두운 색상의 옷은 어두운 내면 심리를 반영한다. 반면에 신경성이 낮은 사람들은 침착하고 편안하며, 스트레스를 잘 다룰 줄 알고 감정적으로 안정되어 있다.

신경성이 높은 사람들은 부정적인 감정을 표현하는 단어를 많이 사용하는 반면에 긍정적인 감정을 표현하는 단어는 적게 사용한다. 이들은 의심과 걱정이 많은 만큼 질문도 많은데, 중간에 그들의 말을 끊지 않고 경청해 주는 것이 중요하다. 만약 그들이 자신의 걱정거리나 불만을 이야기하면 "옳습니다.", "정확히 보셨어요.", "다른 분들도 다 그런 점을 걱정하시죠."라고 맞장구치도록 한다. 그러고 나서 "많은 분들이 그렇게 생각하지만, 사실은 ~."과 같이 말하며 정확한 정보를 제시해야 한다. 그들 앞에서 머뭇거리거나 자신감이 부족해 보이면 신뢰를 얻을 수 없으므로 확신에 찬 태도로 임한다.

스누핑을 활용하는 목적은 사람의 성격을 파악해서 상대방을 조종하거나 이용하려는 것이 아니라 상대방을 이해하기 위한 것이다. 당신이 상대방에 대해 좀 더 잘 이해해야 그의 욕구를 채워 줄 수 있기 때문이다. 다만 예외가 있을 수 있다는 사실을 염두에 두는 것이 좋다. 사람들은 의식적으로 자신을 감추려는 본능이 있기 때문이다. 신경성이 높은 사람이 어떤 이유에서든 동조성이나 외향성이 높은 사람으로 보이기 위해, 또는 자신의 성격을 바꿔 볼 요량으로 신나는 음악을 듣거나 밝은 색 옷을 즐겨 입을 수도 있다.

이와 같이 스누핑을 활용하여 다른 사람을 설득한 이야기가 양은후의 저서 『관찰의 기술』에 나와 있다. 저자가 미국에서 공부할 때 40대 초반 벤처사업가 두 사람이 들려준 이야기라고 한다.

그들이 사업 아이템을 구상한 후 본격적으로 사업을 시작하기 위해 자금을 구하러 다닐 때였다. 서로 돈을 추렴하여 사업을 시작했지만 개인이 가진 자금으로는 한계가 있었기에 투자자를 찾는 일이 시급했다. 어느 날 그들은 돈 많은 한 사업가와 마주 앉게 되었다.

처음 사업가의 방에 들어섰을 때 그들 눈에 제일 먼저 들어온 것은 방을 가득 채우다시피 한 야구 용품들이었다. 크고 작은 야구공에서부터 유명한 사람들의 사인볼, 깃발이나 응원 용품 등 누가 보아도 야구광임이 분명했다. 그들은 사업가와 인사를 나눈 후 가벼운 이야기를 시작했다. 화제는 말할 것도 없이 야구에 관한 이야기였다. 게다가 유명 선수의 사인볼에 대해서는 칭찬을 아끼지 않았으며, 노골적으로 부러움을 드러냈다. 그들은 그 사업가가 응원하는 팀의 성적에 대해 칭찬을 아끼지 않았다. 그렇게 한 시간 가까이 야구 이야기만 하다 보니 약속한 면담 시간이 끝나가고 있었다.

마지막으로 그는 두 사람에게 자신을 찾아온 용건을 물었다. 그들은 야구 이야기를 하듯 자신들이 개발한 사업 아이템에 대해 2～3분에 걸쳐 가볍게 이야기를 던졌다. 그러자 사업가는 흔쾌히 그들의 투자 요구를 받아들였다. 그뿐만 아니라 그는 투자 이후에도 지속적으로 관심을 보이며 도움을 주려고 노력했다. 사소한 관찰 그리고 그에 따른 공감이 사업에 필요한 자금 투자는 물론 든든한 인간관계까지 만들어 준 것이다.

다음 시를 보자.

활짝 핀
벚나무들 가운데
아직 피우지 못한 놈

한 그루 있네.

나를 닮았구나.
좀 늦을 뿐

—〈대기〉, 오정환

봄철 화려하게 피운 벚꽃을 보고 있노라면 저절로 탄성이 나오게 마련이다. 그런데 일찍 꽃을 피우는 벚나무가 있는 반면에 늦게 꽃을 피우는 벚나무도 있다. 보통 일찍 꽃을 피운 벚나무는 눈에 잘 띄어 사람들에게 많은 관심을 받는다. 하지만 모든 벚나무가 화려하게 꽃을 피울 때까지 몇 송이도 채 피우지 못하는 벚나무들이 있다. 이러한 벚나무들은 화려하게 꽃을 피운 벚나무들에 가려 사람들의 눈길조차 잘 머물지 않는다.

그러나 시인의 마음을 가진 사람들은 이런 나무들을 발견하고 거기에 의미를 부여한다. 죽은 나무가 아닌 이상 곧 꽃을 피울 것이기 때문이다. 단지 조금 늦게 피울 뿐이다. 시인은 '나를 닮았구나. 좀 늦을 뿐' 하는 것으로 이들 나무에 의미를 부여한다. 사람도 일찍 꽃 피우는 사람이 있는가 하면, 늦게 꽃피우는 사람도 있다. 마찬가지로 포기만 하지 않는다면 누구든 자신만의 꽃을 피울 수 있다.

이렇게 관찰을 통해 남이 못 보는 것을 보고 통찰을 얻으려면 두 가지가 필요하다. 하나는 질문하는 것이고, 다른 하나는 입장을 바꾸어 생각해 보는 것이다. 유경은 흉노족에 사신으로 가서 '여위고 지쳐 보이는 노약자들만' 보았을 때, '이상하다. 분명 반란을 일으킨 한신이 흉노족과 함께 쳐들어온다고 했는데 이런 상황에서 어떻게 쳐들어올 수 있을까?'라고 자문했을 것이다.

그리고는 흉노족 입장에서 생각해 보았을 것이다. 유경의 말처럼 두 나라가 교전하고 있을 때는 저마다 자기편의 이로운 점을 자랑하려 한다. 그런데 '왜 흉노는 자신들의 약점을 보일까?' 하고 흉노족 입장에서 생각해 본 것이다. 그러고는 '틀림없이 약점을 보이고 복병으로 승리를 취하려는 계략'이라는 답을 얻었다.

그냥 보기만 하는 것과 질문하기는 이렇게 다르다. 유경은 세심하게 관찰하여 남이 못 보는 것을 보았을 뿐만 아니라 스스로에게 질문하고 답을 얻음으로써 목숨을 건진 것이다.

4장

해결책을 제시하라

4장 · 해결책을 제시하라

1

위기와 해결책 그리고 이익

1_ 위기와 손해

행동경제학자들의 이론에 따르면 사람들은 이익보다 손해에 더 민감하다고 한다. 이익보다 손실을 더 강하게 평가하는 심리가 있기 때문이다. 액수가 같은 손실과 이익이 있다면 손실액으로 생긴 불만족은 이익금이 가져다주는 만족보다 보통 2.5배 더 큰 것으로 밝혀졌다. 그러므로 상대를 설득하고자 할 때 손해나 위기를 강조하면 설득 효과를 높일 수 있다.

제濟나라 설공薛公, 孟嘗君이 한韓 · 위衛 두 나라와 함께 초楚나라를 공격하고 나서 한 · 위와 함께 서쪽으로 진秦나라를 공격하면서 서주西周에게는 병사와 군량을 제공하라고 요구하였다. 그러자 서

주의 신하 한경이 설공을 설득한다. 그는 먼저 앞으로 닥칠 위험과 손해를 강조한다.

제나라 같은 큰 나라가 한 · 위 두 나라를 위해 초나라를 공격하여 많은 땅을 차지하여 한나라와 위나라를 강하게 해 주었습니다. 지금 또 진나라를 공격하여 그들에게 이익을 주려고 합니다. 한 · 위 두 나라가 남쪽에 있는 초나라에 대한 근심이 없고, 서쪽으로 진나라에 대한 걱정이 없어지면 제나라는 틀림없이 필요 없는 가벼운 나라가 되고 말 것입니다. 이 때문에 제가 공의 위험을 걱정해서 말씀드립니다.

여기까지가 손해를 강조한 부분이다. 서주의 신하 한경은 제나라가 한 · 위와 함께 진나라를 공격하는 것이 오히려 제나라에 손해라고 강조하고 있다. 한 · 위 두 나라가 제나라를 중히 여기는 것은 남쪽으로는 초나라의 위협이 있고, 서쪽으로는 진나라의 위협이 있기 때문인데, 이런 위협들이 사라지면 제나라를 가볍게 볼 것이라는 이유에서다.

다음은 소진이 합종을 성사시키기 위해 한韓나라 선왕宣王을 설득하는 장면이다.

한나라가 이와 같이 강한 병력과 대왕의 현명함을 아울러 가지고 있으면서도, 서쪽으로 진나라를 섬겨 두 손을 맞잡아 복종한다면 이는 나라의 치욕이며, 또한 천하의 웃음거리가 되는 것으로 이보다 더한 것이 없을 것입니다.

(중략)

대왕께서 만일 진나라를 섬기신다면, 진나라는 틀림없이 땅을 달라고 요구할 것입니다. 금년에 이것을 바치면 내년에는 반드시 또 다른 땅을 요구할 것입니다. 여기에 응하면 나중에는 주려고 해도 줄 땅이 없을 것이며, 주지 않으면 지금까지 바친 공은 아무런 효과도 없이 오히려 뒷날 침략의 우환이 되고 말 것입니다. 어떤 결정을 한다 해도 대왕의 땅은 점점 줄어들기만 할 것이며, 진나라의 요구는 끝이 없을 것입니다.

한정된 땅으로 끝이 없는 요구에 응하는 것이야말로 이른바 "원수를 사서 우환을 맺는다."는 것으로, 싸우지도 않고 땅은 줄어들게 될 것입니다. 속담에 "설령 닭 부리가 될지언정 쇠꼬리가 되지 말라."고 하였는데, 이제 한나라가 서쪽을 향하여 두 손을 맞잡고 진나라를 신하의 예로써 섬기는 것이 쇠꼬리와 다를 것은 무엇이겠습니까? 대왕이 총명함에다가 굳센 한나라의 군사를 가지고 있으면서 쇠꼬리의 더러운 이름을 뒤집어쓰는 것은, 대왕을 위해 부끄러운 일입니다.

여기서 소진은 매우 강한 어조로, 한나라가 진나라에 복종하여 동맹을 맺고 진나라를 섬기게 되면 천하의 웃음거리가 된다고 말한 다음, 진나라 요구를 들어주다 보면 한나라 땅은 점점 줄어들어 나라의 우환이 될 것이라고 주장하고 있다. 위기와 손해를 강조한 것이다.

초나라 장군 소양은 위나라를 공격하여 큰 승리를 거두고 제나라를 공격하였다. 진진은 때마침 진秦나라의 사자로서 제나라에 가 있었다. 제나라 왕이 진진에게 물었다.

"이를 어떻게 하면 좋겠소?"

진진이 답했다.

"왕께서는 걱정하지 마십시오. 제가 초나라에 진군을 멈추어 달라고 권해 보겠습니다."

그러고는 즉시 소양의 진영으로 가서 소양을 만나 말했다.

"초나라에서는 적군을 물리치거나 적장을 죽이는 사람에 대해서 어떻게 그를 존귀하게 만드실 겁니까?"

그러자 소양이 답했다.

"그의 벼슬은 상주국上柱國으로 삼고, 상급의 작위, 즉 집규執珪, 초나라 최고 작위를 내려 주겠소."

"초나라에 이보다 귀한 관직이 있습니까?"

"영윤이지요."

"지금 당신께서는 이미 영윤이시니, 나라의 벼슬 중에서 가장 높습니다. 제가 비유를 들어 설명해 드리지요. 어떤 사람이 그의 사인舍人들에게 술을 한 잔 주자, 사인들이 의논하며 말하기를 '몇 사람이 이 술을 마시려고 한다면 다 마실 수 없으니 땅에 뱀을 그려 가장 먼저 완성하는 사람이 혼자 이 술을 마십시다.' 라고 하자, 어떤 사람이 말하기를 '내가 뱀을 먼저 그렸소.' 라고 하고, 그는 술잔을 들고 일어나며 말하기를 '나는 뱀의 발을 그릴 수 있소.' 라고 했습니다. 그가 뱀에게 발을 그려 넣자, 그다음으로 빨리 뱀을 그린 사람이 그에게서 술잔을 빼앗아 그 술을 마시면서 말하기를 '뱀은 본래 발이 없는데, 지금 뱀에 발을 그렸으니 이것은 뱀이 아니오.' 라고 했습니다. 지금 당신께서 초나라 재상 지위에 있으면서 위나라를 공격하여 군대를 쳐부수고 장군을 죽였으니 이보다 큰 공로는 없으며, 높은 관직이라 이보다 더 높이 올라가지 않습니다. 지금 또다시 군대를 옮겨 제나라를 공격하여 승리를 거두어도, 관직은 이보다 더 높아질 수 없습니다. 만약에 공격하여 이기지 못하면 몸은 죽고 작위도 빼앗겨 초나라에는 손실이 될 것이니, 이것은 곧 뱀에게 발을 그리는 이치가 됩니다. 그러니 군대를 이끌고 떠나 제나라에 은덕을 베푸는 것이야말로 만족함을 유지하는 방법입니다."

진진의 말을 모두 들은 소양은 그길로 군대를 이끌고 그곳을 떠났다.

진진이 이렇게 초나라 장군 소양을 설득하는 장면은 참으로 흥미롭다. 쉽게 말하면, 이제 더 이상 올라갈 자리도 없는데 죽기 살기로 싸워 봤자 뭐하겠느냐는 것이다. 전쟁에서 이겨 봤자 더 이상 얻을 것이 없으며, 오히려 전쟁에서 지면 몸은 죽고 작위도 빼앗길 것이라며 손해를 강조하고 있다. 비슷한 사례를 한 가지 더 보자.

진나라 장군 무안군백기 장군은 다시 상당군을 평정하였다. 진나라는 군대를 둘로 나누어 왕흘이 피뢰皮牢를 공략하고, 사마경司馬梗이 태원太原을 평정하였다. 이에 한나라와 조나라는 두려운 나머지 소대蘇代로 하여금 많은 선물을 가지고 가서 진나라 재상 응후범저를 달래 보도록 하였다.

"무안군이 조괄을 죽였나요?"

응후가 대답하였다.

"그렇소."

소대가 물었다.

"이번엔 한단邯鄲을 포위할 것인가요?"

응후가 자신 있게 대답하였다.

"그렇소."

그러자 소대가 이렇게 말하였다.

"조나라가 멸망하면 진나라 왕은 천하의 제왕帝王이 되고, 무안군은 삼공三公의 지위에 오르겠군요. 무안군이 진나라를 위해 빼앗은 성은 70여 개, 남쪽으로는 언 · 영 · 한중을 평정하고, 북쪽으로는 조괄의 전군을 괴멸시켰습니다. 저 주공周公 · 소공召公 · 태공망太公望의 공적도 이만 못합니다. 지금 조나라가 망하고 진나라 왕이 천하 제왕이 되면 무안군이 삼공이 될 것은 틀림없는 일입니다. 그러면 상공께서는 그 밑에 자리하게 되는 것을 참을 수 있겠습니까? 비록 그리하기를 원치 않아도 어찌할 수 없는 일입니다. 진나라는 일찍이 한나라를 쳐서 형구邢丘를 포위하고 상당을 괴롭혔으나, 상당 백성들은 모두 진나라에 귀속되지 않고 도리어 조나라로 들어갔습니다. 천하 사람들이 진나라 백성이 되기를 꺼려 하는 것은 이미 오래된 일입니다. 지금 조나라를 없애게 되면 그 북쪽 땅은 연나라로 돌아가고 동쪽 땅은 제나라로 돌아갈 것이니, 이렇게 되면 남쪽 땅은 한나라와 위나라로 돌아가고, 당신이 얻게 되는 백성들은 얼마 되지 않을 것입니다. 그러므로 이번 승전을 이용하여 차라리 한 · 조나라로부터 땅을 받는 조건으로 화평을 맺게 하고, 무안군의 공로로 만들지 않는 것이 좋을 줄 압니다."

그러자 응후가 진나라 왕에게 말하였다.

"진나라 군사는 지쳐 있습니다. 한 · 조나라가 땅을 떼어 화평을 청하는 것을 허락하시고 또 우리 군사를 쉬게 하였으면 합니다."

진나라 왕은 이를 받아들여 한나라의 원옹垣雍과 조나라의 6개 성을 떼어 갖는 조건으로 화평을 맺었다. 그리고 정월에 군대를 모두 철수하도록 했다.

소대는 이번 싸움에서 승리하여 조나라가 멸망하면 진나라 재상으로 있는 응후보다 전쟁을 승리로 이끈 무안군이 더 많은 공을 세우는 결과를 초래한다고 말한 뒤, 그렇게 되면 무안군이 응후보다 더 높은 자리에 오를 텐데 그 수모를 견딜 수 있겠느냐고 묻는다. 이익보다 손해를 강조한 것이다. 결국 응후는 왕을 설득하여 전쟁을 끝낸다. 나중에 이 사실을 무안군이 알게 되어 응후와 사이가 나빠진다. 그리고 진나라가 전쟁에서 연패를 당하자 왕은 무안군에게 출전을 명한다. 하지만 병을 핑계로 나가지 않아 왕의 노여움을 사서 결국 무안군은 죽임을 당한다.

2_ 위기와 손해를 강조하는 방법

위기와 손해를 강조하여 설득하려면 상대를 정확히 파악해야 한다. 상대가 어떤 상황에 처해 있는지, 무슨 문제를 안고 있는지, 진정으로 해결하고 싶은 욕구는 무엇인지, 상대방이 성취하고 싶은 것은 무엇인지 알아야 그에 합당한 설득을 할 수 있다. 이제 효과적으로 위기와 손해를 강조하는 방법을 알아보자.

맹상군孟嘗君이 설薛 땅에 있을 때 초楚나라가 공격해 왔다. 그때 마침 순우곤淳于髡이 제齊나라 사신으로 초楚나라에 갔다가 돌아오는 길에 설 땅을 들르게 되었다. 맹상군은 사람을 시켜서 예의를 갖추어 맞이하게 하고, 자신은 직접 교외까지 나가 맞이하면서 순우곤에게 말하였다.

"초나라가 이 설 땅을 공격하고 있는데도 선생님께서는 걱정해 주지 않으시니 여기가 망하면 다시는 선생을 이곳에서 뵐 수가 없겠구려."

그러자 순우곤이 말하였다.

"그대의 명을 받들겠습니다."

그리고는 제나라로 돌아갔다. 순우곤이 초나라에 다녀온 보고를 모두 마치자 왕이 물었다.

"초나라에 가서 무엇을 보았소?"

순우곤이 대답하였다.

"초나라는 대단히 완강합니다. 그러나 설 땅도 자신의 힘을 모르고 있습니다."

왕이 물었다.

"무슨 뜻이오?"

순우곤은 이렇게 설명하였다.

"설 땅이 힘을 모른다고 하는 것은 맹상군이 자신이 지켜낼 힘도 없으면서 그곳에 선왕의 묘당廟堂을 세웠음을 말합니다. 초나라가 기어코 그곳을 점령하면 선왕의 묘당은 틀림없이 위태로워질 것입니다. 그래서 설 땅 사람들은 자신의 힘을 모른다고 하고, 초나라는 완강하다고 말씀드린 것입니다."

왕이 이 말을 듣고 안색을 밝히며 말하였다.

"아! 그곳엔 선왕의 사당이 있지요."

그리고는 급히 군대를 보내 구해 주었다.

엎어지며 다급히 청하고 무릎을 꿇고 호소하면 겨우 조금 도움을 얻을 수 있을 뿐이지만, 말을 잘하는 사람은 그 형세를 진술하고 방법을 잘 설명하여 다른 사람의 어려움을 자기의 재앙처럼 느끼게 하니 어찌 강한 힘을 써서 될 일이겠는가?

―『전국책』

순우곤은 맹상군의 봉지封地, 황제에게서 하사받은 제후의 영토인 설 땅이 초나라에 빼앗기면 그곳에 있는 선대왕 묘당이 훼손되는 것은 불가피하다며 위기를 강조하여 제나라 왕의 지원을 받아내고 있다. 이것은 한 가지 문제를 다른 잠재적인 문제로 확대하는 것으로, 비즈니스에서 유용하게 사용하는 설득 방법이다. 문제를 확대하여 심각한 상황임을 강조하는 방법은 위기감을 불러일으키기에 충분하기 때문이다.

순우곤이 제나라 왕을 설득하는 장면을 다시 한 번 보자. 순우곤이 초나라에 다녀와 보고를 모두 마치자, 왕은 초나라에 가서 무엇을 보았느냐고 물었다. 순우곤은 "초나라는 대단히 완강합니다. 그러나 설 땅도 자신의 힘을 모르고 있습니다."라고 답하였다. 당신은 설득하기 초반에 상대의 호기심을 불러일으키고, 설득 효과를 높이는 방법으로 '~을 알고 있습니까?'라는 질문법을 이미 살펴본 바 있다.

순우곤의 대답은 이와 같은 질문 형태는 아니지만, 상대의 호기심을 자극한다는 측면에서 그 의미가 같다. 호기심이 생긴 왕이 "무슨 뜻이오?"라고 묻지 않는가. 왕이 호기심에 찬 질문을 던지자 순우곤은 선왕의 묘당이 위험하다며 마치 왕의 '재앙처럼' 위기를 강조한다. 그러자 왕은 드디어 "아! 그곳엔 선왕의 사당이 있지요."라며 깨닫고 군대를 보내 설 땅을 구원한다. 이 얼마나 멋진 설득인가.

행동과학자들은 '손해 강조' 기법이 설득에 유리하다는 사실을 여러 차례 실험으로 밝혀냈다. 로버트 치알디니Robert B. Cialdini와 스티브 마틴Steve J. Martin 그리고 노아 골드스타인Noah J. Goldstein이 쓴 『설득의 심리학 3』에서는 손해를 강조하는 설득 방법에 대해 적고 있다. 다음은 이 책에 나오는 실험 내용이다. 실험에서는 참가자들에게 다음과 같은 두 가지 선택 사항 중 하나를 고르게 했다.

· 인플루엔자에 걸릴 위험을 줄이고, 50달러를 절약하기 위해 나는 올가을 예방접종을 할 것이다.
· 인플루엔자에 걸릴 위험이 높아질 수 있고, 50달러를 절약하지 않는 선택일 수도 있지만 나는 예방접종을 하지 않을 것이다.

손해를 강조한 메시지로 능동적 선택을 가능하게 한 사소한 변화는 커다란 차이를 만들어 냈다. 75퍼센트에 이르는 사람들이 예방접종을 하겠다고 표시했던 것이다. 이처럼 손해를 강조하는 방법은 설득하려는 대상이 부정적이며 완고할 때 손해나 위기 장면을 머릿속으로 떠올리도록 유도하면 큰 효과를 얻을 수 있다. 머릿속에 그림을 그리는 것이 어떤 효과를 발휘하는지 도모노 노리오가 쓴 『행동경제학』에 나오는 실험을 통해 알아보자.

여대생 120명에게 가상으로 학교 내에서 어떤 병이 만연할 조짐이 있으니 이 병의 증상을 적어 놓은 글을 읽고 자신이 이 병에 걸릴 확률을 판단하도록 하였다. 실험 대상 학생들을 4개 그룹으로 나눈 뒤, 1그룹에 속한 학생들에게는 이 병에 걸리면 활력 저하, 근육통, 점차 심한 두통이 일어나는 등의 증상을 구체적이고, 이전에 경험했을 법한 내용을 적은 종이를 건넸다. 2그룹에 속한 학생들에게는 훨씬 더 추상적인 내용으로 증상을 적은 종이를 읽게 했다. 메시지 내용은 약간의 방향 감각 상실, 신경계 기능 불완전, 간장의 염증 같은 것이었다. 그리고 실험 참가자들에게 이들 증상을 읽고 난 후 자신이 3주 후에 이 병에 걸릴 확률을 10단계로 평가하도록 했다.

3그룹과 4그룹에 속한 학생들에게는, 증상은 1 · 2그룹과 각각 같지만, 만약 이 병에 걸린다면 3주 뒤에 자신에게 어떤 증상이 나타날지 구체적으로 머릿속에 그리고 난 후 이 병에 걸릴 확률을 판단하도록 했다. 그 결과 이 병에 걸릴 확률이 가장 높을 것이라고 판단한 그룹은 3그룹에 속한 학생들이었고, 다음은 2그룹, 1그룹 순이었다. 4그룹이 병에 걸릴 확률을 가장 낮게 판정했다. 증상의 내용이 구체적이고, 병에 걸렸을 때 나타나게 될 증상을 이미지로 떠올린 그룹일수록 더욱 병에 걸리기 쉽다고 생각한 것이다. 반면에 증상이 애매해서 병에 걸렸을 때의 이미지를 떠올리기 어려운 그룹은 자신들이 병에 걸릴 확률이 가장 낮을 것이라고 판단한 것이다.

이 실험은 상대 머릿속에 이미지를 떠올리도록 하는 것이 왜 중요한지 잘 증명하고 있다. 상대를 설득할 때 효과를 높이려면 지금 당장 문제를 해결하지 않으면 앞으로 겪게 될 더 큰 곤란, 어려움, 손해를 그려 보도록 해야 한다. 이때 질문하기와 설명하기를 활용할 수 있다. 먼저 질문하기로 상대 머릿속에서 이미지화하는 방법을 살펴보자. 다음에 나오는 질문을 하면 상대는 머릿속에 앞으로 겪게 될 더 큰 어려움을 그리게 된다.

· "이 문제를 방치하면 어떻게 될까요?"
· "목표 달성에 장애가 되는 것은 무엇입니까? 목표를 달성하지 못하면 어떤 결과를 초래할까요?"
· "낡은 차를 타고 거래처를 방문한다면 고객님의 지불 능력을 의심하지 않을까요?"

앞의 질문들은 모두 머릿속을 새롭게 자극하는 질문이다. 질문을 받은 상대는 앞으로 닥칠 위험을 구체적으로 생각해 보고, 머릿속에 그 모습을 그릴 수밖에 없다.

다음은 설명하기다. 상대의 머릿속에 생생하게 그림이 그려지도록 하려면 비유나 사례를 들어 설명하는 것이 좋다.

진秦나라가 조趙나라로 하여금 위魏나라를 공격하도록 하였다. 이에 위나라 왕은 조나라 왕에게 앞으로 닥칠 위기를 구체적인 사례를 들며 다음과 같이 설명한다.

우리 위나라를 공격하는 것은 바로 귀국 조나라가 망하는 길의 시작입니다. 옛날 춘추시대에 진晉나라가 우虞나라를 치고자 먼저 괵虢나라를 쳤습니다. 괵나라를 친 것은 바로 우나라 멸망의 시작이었습니다. 진나라는 순식荀息에게 말과 구슬을 주어 우나라에 사신으로 보낸 다음, 괵을 칠 길을 빌려 달라고 하였습니다. 우나라의 충신 궁지기宮之奇가 극력 반대하였지만, 우나라 임금은 이를 듣지 않고 마침내 진나라에 길을 빌려 주고 말았지요.

이에 진나라는 괵나라를 치고 돌아오는 길에 우나라를 쳐서 없애 버렸습니다. 그래서 『춘추春秋』에 이를 기록하여 모두 우나라 임금이 잘못했다고 적은 것입니다. 지금 조나라보다 강한 나라는 없습니다. 아울러 제 · 진 두 나라와 결합되어 있고, 귀하조차 현명하여 그대의 명성만 듣고도 도와주는 자가 많습니다. 이 때문에 진秦나라에서는 뱃속의 병처럼 여기고 있는 나라가 바로 귀국 조나라입니다. 우리 위나라는 귀국에 있어서 괵나라와 같고, 귀국 조나라는 우리 위나라에 있어서 우나라와 같습니다. 진나라 말을 듣고 우리 위나라를 공격하는 것은 귀국이 곧 우나라처럼 되리라는 뜻입니다. 원하건대 대왕은 깊이 헤아려 보시기 바랍니다.

— 『전국책』

상대 머릿속에 생생하게 그림을 그리게 하는 데 사례보다 좋은 것은 없다. 지금과 같은 상황에서 과거에 충신 궁지기의 제안을 받아들이지 않아 우나라가 패망한 이야기는 같은 처지에 있는 조나라로 하여금 강한 위기감을 느끼게 한다.

3_ 해결책

춘추전국시대는 서로 먹고 먹히는 약육강식의 시대였다. 수많은 나라들이 부국강병을 최고의 가치로 여기던 때로, 유세가들은 나라를 부강하게 할 수 있는 해결책을 제시해야 왕에게 간택될 수 있었다. 그러나 맹자는 세상과 동떨어진 이야기를 하여 결국 간택되지 못했다. 사마천은 『사기』의 〈맹자순경 열전〉 편에서 맹자를 이렇게 평가했다.

> 맹자는 제나라 선왕을 섬기려 하였으나, 들어주지 않자 양나라로 갔다. 양나라 혜왕 역시 맹자의 말을 믿지 않았다. 그를 만나 보았으나 그가 하는 말이 너무 현실에 맞지 않는다고 여겼다. 당시 진나라는 상앙을 등용하여 부국강병에 힘쓰고, 초나라와 위나라는 오기를 등용하여 적과의 싸움에서 승리하여 세력을 넓혀 가고 있었다. 제나라의 위왕과 선왕은 손빈 · 전기와 같은 인물을 등용하여 제후들은 제나라에 조공을 바쳤다. 천하는 바야흐로 합종 · 연횡에 힘을 기울이고, 서로 간에 치고받는 것을 현명한 일로 여기는 시대였다. 그런데 맹자는 오로지 요임금, 순임금과 같이 삼대하 · 은 · 주 제왕의 덕치만을 부르짖어 시세의 요구와는 거리가 멀었기 때문에 어디에 가서 말을 하여도 받아들여지지 않았다.

다른 사람을 설득하려면 본인이 하고 싶은 이야기 보다는 상대가 듣고 싶은 이야기를 해야 한다. 상대가 무엇을 원하는지, 상대에게 필요한 것이 무엇인지 정확히 파악하고 해결 방법을 제시한다면 상대를 설득할 수 있다.

소진의 아우로 소대蘇代와 소려蘇厲가 있었다. 형이 성공한 모습을 보고 모두가 유세술을 배웠으며, 소진이 죽고 나서 소대가 연燕나라 왕을 만나 형의 유업을 계속하고 싶다고 말하였다. 그러자 연나라 왕은 제나라는 원수로서 쳐서 없애고 싶은데 나라가 피폐하고 부족한 게 걱정이라며 만일 연나라 병력으로 제나라를 칠 수 있다면 소대에게 연나라를 맡기겠다고 약속한다. 그러자 소대는 연나라 왕에게 다음과 같은 해결책을 제시한다.

"무릇 천하에 무장한 나라가 7개국이 있는데 그중에 연나라는 약한 나라이니 홀로 싸울 수는 없습니다. 그러나 어느 나라든지 의지해 주면 그 나라는 곧 중해집니다. 남쪽 초나라에 기대면 초나라가 중해지고, 서쪽 진나라에 기대면 진나라가 중해지며, 중앙에 있는 한 · 위에 기대면 한 · 위 두 나라가 중해집니다. 기대는 그쪽 나라가 중해지면 그에 따라 임금의 지위도 틀림없이 높아지게 되는 것입니다. 지금 제나라는 의욕이 강한 군주가 들어서서 스스로 계교를 쓰고 있었는데 지난 5년 동안 남쪽 초나라와 전쟁을 치르느라 군량과 재물은 바닥나고 말았으며, 서쪽으로 진나라를 3년 동안 포위하여 이 때문에 군사들은 피로해져 있었는데, 그래도 북쪽 연나라와 싸워 연나라 3군을 뒤집어엎고, 두 장군을 사로잡았습니다. 그러고도 남은 힘으로 남쪽으로 향하여 전차 5천승을 가진 대국 송宋나라를 깨뜨리고, 12제후들을 병합하였습니다. 그리하여 군주의 욕망은 채워졌으나 백성들은 쇠약해졌습니다. 이것은 결코 취할 만한 방책이 아닙니다. '자주 싸우면 백성이 피곤하고, 오래 싸우면 군사가 지친다' 는 말이 있습니다."

연나라 왕이 물었다.

"내 듣건대 제나라는 맑은 제수濟水와 탁한 하수河水가 있어 방패로 이용할 수가 있고, 장성長城과 거방鉅方이 있어 요새로 삼기에 충분하다고 하던데, 정말 그렇소?"

소대가 대답하였다.

"하늘의 시운이 제나라에 응하지 않으면 비록 맑은 제수와 탁한 하수가 있다 하여도 어찌 나라를 견고히 할 수 있겠습니까? 백성들의 힘이 피폐하면 비록 장성과 거방도 어찌 요새로 삼을 수 있겠습니까? 그 위에 일찍이 제나라가 제서濟西에서 군사를 모집하지 않은 것은 조나라에 대한 대비였으며, 황하 북쪽 지역에서 모집하지 않은 것은 연나라에 대한 대비였던 것입니다. 그런데 이제 제수 서쪽과 황하 북쪽 일대에서 군역을 징발하여 영토 안은 모두 피폐해져 있습니다. 대체로 교만한 군주는 반드시 이익을 좋아하며, 망국의 신하는 틀림없이 재물을 탐하게 마련입니다. 대왕께서는 진실로 아끼는 아들과 조카를 제나라에 인질로 보내고, 보주寶珠와 옥과 비단을 선물하여 제나라 왕의 좌우 신하들을 섬기는 것을 부끄럽게 여기지 않을 수 있다면, 제나라는 연나라를 자기편으로 여겨 안심하고 경솔하게 송나라를 멸하려고 할 것입니다. 그리하여 제나라의 국력이 점점 피폐해지면 그때는 치기만 하면 곧 멸할 수 있습니다."

연나라 왕은 말하였다.

"나는 마침내 그대의 힘으로 패왕이 될 천명을 얻었소이다."

그리하여 연나라는 공자 하나를 제나라에 볼모로 들여보냈다.

연나라 왕은 제나라를 원수처럼 여겼기에 복수하기를 원했다. 소대는 연나라 왕의 욕구를 충족할 수 있는 해결책을 제시하여 설득에 성공한다. 소대가 제시한 해결책은 연나라 왕이 아끼는 아들과 조카를 제나라에 인질로 보내고, 보주寶珠와 옥과 비단을 선물하여 제나라가 연나라를 자기편으로 여겨 안심하게 만든 다음, 제나라가 다른 나라와 전쟁하여 국력이 피폐해지면 그때 공격하여 진멸하자는 것이었다. 합종을 위해 각국 왕을 설득하는 장면에서도 소진은 반드시 해결책을 제시하고 있다.

잠시 대왕을 위하여 계책을 올리건대, 한 · 위 · 제 · 초 · 연 · 조나라를 한 몸처럼 합종 방법으로 서로 친하게 하여 진나라에 대항하는 그 이상의 방책은 없을 것입니다. 즉, 천하 제후의 장군 · 재상들을 원수 부근에 모아서 인질을 교환하고, 백마를 잡아 굳게 맹세하여 이렇게 말하는 것입니다.

"진나라가 초나라를 치면 제 · 위는 각각 정예군을 내어 초나라를 돕고, 한나라는 진나라의 군량 수송로를 끊고, 조나라는 황하와 장수를 건너고, 연나라는 상산의 북쪽을 지킨다. 진나라가 만약 한 · 위를 치면 초나라는 진나라 군사의 배후를 끊고, 제나라는 정예군을 내어서 한 · 위를 돕고, 조나라는 황하와 장수를 건너고, 연나라는 운중을 지킨다. 진나라가 만약 제나라를 치면 초나라는 진나라의 배후를 끊고, 한나라는 성고를 지키고, 위나라는 진나라가 제나라를 치는 길을 막고, 조나라는 황하와 장수를 지나 박관을 건너고, 연나라는 정예군을 내어 제나라를 돕는다."

여섯 나라가 합종으로 친교를 맺으면, 진나라는 틀림없이 함곡관을 나서서 산동을 침범하는 일이 없을 것입니다.

소진의 설득을 이해하려면 전국시대 각국의 위치를 알아야 한다. '전국시대 지도'를 검색하여 하나하나 짚어 가며 읽어야 소진이 설득한 내용을 이해할 수 있다. 소진은 위와 같이 각국의 지리적 특징을 활용하여 진나라에 대항하는 방법을 설명하고 있다.

이처럼 해결책이나 대안이 없다면 다른 사람을 설득할 수 없다. 해결책을 잘 제시하여 유방에게 등용된 사람이 있다. 바로 역생 이기라는 사람이다.

역생酈生 이기食其는 고양高陽 사람으로 글을 많이 읽었으나 뜻을 이루지 못하여 생계조차 이을 수 없었다. 진秦나라 말기, 나라가 혼란한 틈을 타서 진승陳勝과 항량項梁 등이 군사를 일으키자 각지에서 그들에게 호응한 장수들이 많았다. 그중 역생이 있는 고양을 지나쳐 간 장수만 해도 수십 명에 이르렀다. 그때마다 역생은 그 장수들을 찾아보았으나 모두가 도량이 작아 까다로운 예절이나 지키기를 좋아하고 자기주장만 내세울 뿐이어서, 훌륭한 계책을 말해주어도 받아들이지 못하는 사람들뿐이었다. 이에 역생은 아예 체념한 채 자기 재주를 깊이 감추고 말았다. 그런데 패공沛公 유방劉邦이 어떤 이에게서 역생을 추천받고 그를 만나 보고자 하였다.

역생이 유방을 만나러 들어갔을 때, 마침 유방이 평상에 걸터앉아 있는데 두 여자가 발을 씻기고 있었다. 유방은 그대로 앉아서 역생을 대하였다. 역생은 그 앞으로 나아가 절하는 대신 손을 들어 길게 읍한두 손을 맞잡아 얼굴 앞으로 들어

올리고 허리를 앞으로 구부렸다가 펴면서 손을 내리는 인사법 다음, 대뜸 이렇게 입을 열었다.

"공께서는 진秦나라를 도와 제후들을 치려고 하십니까? 아니면 제후들을 이끌고 진나라를 치려고 하십니까?"

유방이 역생을 꾸짖으며 말하였다.

"이 더벅머리 선비야! 천하가 모두 오랫동안 진나라에 때문에 고통을 겪어서 제후들이 서로 손을 맞잡고 진나라를 치려고 하는데, 어찌하여 진나라를 도와 다른 제후들을 친다는 것인가?"

이에 역생이 말하였다.

"공께서 진실로 무리를 모으고 의병들을 합쳐 무도한 진나라를 쳐서 없앨 생각이라면, 그런 거만한 태도로 어른을 대하는 일은 없어야만 하오."

그러자 패공은 즉시 자리에서 일어나 의관을 갖춘 다음, 역생을 상석에 앉히며 사과하였다. 그 자리에서 역생은 6국이 합종연횡合從連衡 하였을 당시의 형세에 대해 이야기하였다. 패공은 기뻐하여 역생에게 음식을 대접하면서 다시 물었다.

"어떤 좋은 계책이 있겠소?"

역생이 답하였다.

"공께서는 오합지졸을 모으고 흩어진 군사들을 거둬들였지만, 채 만 명이 차지 못할 것입니다. 그 정도로 강대한 진나라를 공격한다는 것은 이른바 호랑이 입에 뛰어드는 격이 될 뿐입니다. 그런데 이곳 진류현은 천하의 요충지로서 사통오달할 뿐 아니라, 성 안에 저장해 둔 식량이 많으며, 백성들은 현령의 명령에 순종하고 있습니다. 저는 전부터 현령과 가까이 지내고 있으니, 청하건대 저를 사자로 보내 주신다면 공을 위해 현령에게 투항하도록 권하겠습니다. 만일 제 말을 듣지 않는다면 군사를 거느리고 공격하십시오. 저는 안에서 응하겠습니다."

그리하여 먼저 역생이 사신으로 성 안에 들어간 다음, 유방이 군사를 이끌고 뒤를 따랐다. 결국 진류 현령은 투항하였고, 그 공로로 역생은 광야군廣野君에 봉해졌다.

이는 리더라면 아이디어나 대안이 지닌 가치를 알아보는 혜안이 있어야 한다는 교훈을 일깨워 주는 이야기다. 수많은 장수들이 역생을 만나 '훌륭한 계책'을 들었으나 알아채지 못했다. 오로지 유방만이 역생과 그가 가진 능력을 알아본 것이다.

대안도 없이 상대를 설득한다는 것은 어불성설이다. 대안은 상대가 미처 생각하지 못한 것, 상대에게 이익과 혜택을 충분히 제공할 만한 것으로 제시해야 한다. 당연하지 않은가. 사람들은 대부분 손실과 이득을 따져 본 후에 자기에게 득이 된다는 판단이 섰을 때 움직인다. 해결책을 제시했으면 바로 해결책으로 인한 이익을 강조해야 하는 이유다.

4_ 이익과 혜택

상앙商鞅은 젊어서 법가의 학문을 좋아하였고, 위나라 재상 공숙좌를 섬겨 중서자의 벼슬을 얻었다. 공숙좌가 죽자 상앙은 진秦나라 효공孝公이 현자를 구한다는 말을 듣고 진나라로 넘어가 효공의 총신 경감景監 추천으로 효공을 만나게 되었다. 상앙은 효공을 만나 여러 번 말을 나누어 보았으나 번번이 마음을 얻는 데 실패하였다.

상앙이 다시 효공을 만났다. 이번에는 효공이 상앙의 이야기에 열중하며 들었다. 여러 날 말을 주고받았으나 싫어하는 빛이 아니었다. 경감이 물었다.

"그대는 어떻게 하여 우리 왕의 마음을 그렇게 사로잡았소? 왕께서 대단히 기뻐하시오."

상앙이 대답하였다.

"왕께서는 당대에 본인의 이름을 천하에 드러내고 싶어 하시기에 내가 부국의 정책을 설명하였더니 크게 기뻐하셨소."

이 이야기는 '상대가 얻게 될 이익을 강조하라.'는 설득의 법칙에 딱 들어맞는다. 상앙은 효공이 원하는 것이 '당대에 본인의 이름을 천하에 드러내는' 점임을 알고 '부국의 정책'을 설명하여 효공을 기쁘게 하고 있다. '부국의 정책'이라는 해결책을 실행하면, '왕의 이름을 드러낼 수 있다.'는 이익을 강조했으리라는 것은 쉽게 짐작할 수 있다.

공자의 제자 자공은 상대가 얻게 될 이익을 어떻게 강조하고 있는지 살펴보자. 앞에서 제나라 대부 전상이 노나라를 침공하려 하자, 자공이 전상을 찾아가 노나라와 싸워 이겨 봤자 얻을 이익보다 손해가 더 크니 차라리 오나라를 공격해야 한다고 설득하는 장면을 기억할 것이다. 자공은 전상을 설득하는 데 성공한 다음 오나라로 건너가 오나라 왕을 설득한다. 그는 만약 제나라가 노나라를 쳐서 겸병

하면 제나라 세력이 커지니 오나라에는 걱정거리가 아닐 수 없다며 위기를 강조한 후, 오나라가 제나라를 치면 큰 이익을 얻을 수 있다고 설득한다.

오나라가 노나라를 구원하는 것은 명분을 살리는 것이며, 제나라를 친다는 것은 큰 이익이 되는 것입니다. 사수泗水 주위의 제후들을 내 편으로 끌어들여 포악한 제나라를 무찌르고 다시 진晉나라를 정복한다면, 이보다 더 큰 이익이 어디에 있겠습니까?

(중략)

노나라를 구원하여 제나라를 치고 그 위력을 진나라에 더하게 되면, 제후들은 틀림없이 서로 앞다투어 오나라를 찾아들 것이니, 그렇게 되면 패업霸業을 이루게 되는 것입니다.

이런 이야기를 듣고 기뻐하지 않을 사람이 어디 있겠는가? 실제로 오나라 왕은 크게 기뻐했다. 다른 사례를 보자. 소진이 합종책을 위하여 조나라 왕을 설득하는 장면이다.

조나라의 이로움과 해로움을 흑과 백, 음과 양처럼 명확히 구분되도록 말씀드리겠습니다. 대왕께서 진실로 저의 의견을 듣는다면, 연나라는 틀림없이 모직물이나 갖옷, 개와 말이 나는 산지를 바쳐 올 것이며, 제나라는 틀림없이 고기 · 소금이 나는 해변을 바쳐 오고, 초나라는 틀림없이 귤 · 유자의 과원을 바쳐 오며, 한 · 위 · 중산은 모두 왕과 후비들에게 부세를 거두는 읍을 바칠 것이며, 왕의 친척들은 모두가 봉읍을 받아 제후가 될 것입니다. 대체로 남의 나라 땅을 빼앗고 이익을 취하는 일은, 춘추 오패가 적군을 깨뜨리고 사로잡아 구하던 방법입니다. 임금의 가족을 제후로 하는 것은 은나라 탕왕과 주나라 무왕이 그 땅의 임금을 추방하고 죽이는 방법으로 취하였던 것입니다. 이제 대왕께서 팔짱을 낀 채 이 두 가지를 함께 얻도록 하려는 것이니, 바로 제가 대왕께 권하고자 하는 것입니다.

조나라가 합종책을 따르면, 부와 권력을 함께 누릴 수 있다며 앞으로 얻게 될 이익을 설명하고 있다. 그런데 이런 것을 전쟁을 하지 않고 '팔짱을 낀 채' 얻을 수 있다고 하니 그야말로 땅 짚고 헤엄치기 아닌가.

제 · 초 두 나라가 위魏나라를 공격했을 때 진秦나라가 위나라를 도와준 적이 있었다. 마침 진나라가 조나라와 함께 한韓나라를 치려던 참이었는데, 위나라는 진나라가 자국을 도와준 것에 감사하는 마음으로 함께 한나라를 친 다음 잃은 땅을 회복하고 싶었다. 이때 신릉군 무기無忌가 위나라 왕을 설득하여 이를 저지한다. 먼저 한나라가 망하면 위나라도 안전하지 않다며 위기를 강조한 후, 한나라와 위나라를 보전하는 방법해결책을 제시하고, 그 후에 위나라가 얻게 될 이익을 강조한다.

결국 한나라가 망하고 나면 진나라는 곧 정나라 옛 땅과 대량 부근까지 다 차지해 버릴 것입니다. 이렇게 된 후 대왕은 평안하시리라 여기십니까?

(중략)

진나라는 한나라가 멸망하면 틀림없이 다른 일을 벌일 것입니다.

(중략)

진나라는 결코 초나라나 조나라는 공격 대상으로 삼지 않을 것입니다. 위衛나라와 제나라도 아닙니다. 한나라를 멸망시킨 후에 진나라가 출병하는 날은 바로 위魏나라 이외에는 적당한 공격 대상이 없을 것입니다.

(중략)

한나라를 진나라의 공격에서 구출해주지 않으면 이주가 위험해지고, 안릉은 쉽게 진나라 소유가 될 것이요, 초 · 조 두 나라는 크게 상처를 입게 되고, 위衛나라와 제나라는 진나라에 두려움을 느끼게 되어, 천하 제후가 모두 다투어 서쪽의 진나라를 섬기겠다고 달려갈 것이니, 잘못하다가는 왕께서도 진나라에 입조하여 신하가 될 날이 결코 멀지 않을 것입니다.

이렇게 한나라가 망하고 나면 진나라와 위나라 사이의 중간 차단 역할이 사라져 위나라가 그만큼 위험하다고 위기를 강조한 신릉군은 이어서 한 · 위를 보존하는 방법을 제시한다.

지금 한나라는 진나라에게 3년간이나 공격을 받고 있습니다. 진나라가 한나라에 강화를 요구하고 있지만 그랬다가는 멸망할 것을 뻔히 알기에 들어주지 않고 버티고 있는 것입니다. 그러면서 자기 왕자를 조나라에 인질로 보내어 천하 제국이 합해 대열을 이루어 진나라에 대항하기를 청하고 있는 것입니다.

제가 보기에는 초 · 조 두 나라는 틀림없이 한나라와 공동으로 진나라를 공격할 것입니다.

(중략)

그러므로 제 생각에 왕께서는 합종 방법을 따르는 게 합당할 줄로 압니다. 대왕께서는 속히 초 · 조 두 나라와 결약하셔서 한 · 위 두 나라 사이에 인질을 묶어 두고, 한 · 위 두 나라를 보존하는 것을 급선무로 삼으십시오.

이렇게 해결책을 제시한 신릉군은 이어서 이익을 강조한다.

그런 다음 이를 구실로 한나라에 옛 땅을 돌려달라고 요구하십시오. 한나라는 틀림없이 요구를 들어줄 것입니다. 이렇게 되면 왕은 조금도 노고를 들이지 않고 옛 땅을 얻게 됩니다. 이것은 진나라와 합해서 한나라를 친 다음의 이익보다 큽니다. 결국 진나라와 국경을 맞대는 위험에서도 벗어날 수 있게 됩니다. 무릇 한나라를 보존하고, 위나라를 안정시키며, 천하 이익을 독차지하게 될 좋은 기회는 바로 지금입니다. 그리고 한나라의 상당과 공, 막 땅을 통하게 하여 그곳에 세관을 설치하고 출입자들에게 관세를 물게 하면, 이는 우리 위나라가 한나라의 상당을 잘 이용하는 격이 됩니다. 함께 그 세금을 나눠 가지면 나라도 부유해질 수 있습니다. 이런 방법을 쓰면 한나라는 반드시 위나라에 은덕을 입은 것으로 여기어 중히 여기면서도 두려워하여, 우리 위나라를 감히 배반하지 못할 것입니다. 이는 곧 한나라가 위나라의 현이 되는 것과 같습니다.

—『전국책』

신릉군은 계략대로 했을 경우에 위나라가 얻게 될 이익을 아주 구체적으로 제시하고 있다. 상대가 얻게 될 이익을 강조하려면 상대가 원하는 것이 무엇인지 정확히 알고 있어야 한다. 수하가 영포를 설득한 일은 상대의 욕구를 파악하고, 상대가 얻게 될 이익을 구체적으로 제시하여 설득에 성공한 사례다.

진秦나라가 기울기 시작하자 수많은 호걸들이 몸을 일으켰지만 결국 항우가 진나라를 멸하고 초패왕楚霸王이 된다. 이 과정에서 영포는 항우를 도와 공을 세운 후 구강왕으로 봉해진다. 이때 항우는 유방이 반란을 일으키지 않을까 의심하여 중원에서 멀고 길이 험한 변두리인 파巴 · 촉蜀 땅을 주어 한漢 왕으로 봉한다. 이에 유방은 불만을 품고 항우에게 맞서기 시작한다. 두 사람의 싸움에서 이기는 자가 최후의 패자가 되는 상황에서 유방은 항우를 치기 위해 팽성에서 큰 싸움을 벌였지만 형세가 불리하여 후퇴하고 만다. 이때 유방은 이렇게 말한다.

"누가 나를 위해 회남 구강에 사신으로 가서 영포로 하여금 군사를 일으켜 초나라를 반역하도록 할 사람이 없는가? 항 왕을 몇 달간 제나라에 붙들어 둘 수만 있다면 천하를 얻는 데 백에 한 번의 실수도 없으리라."

그러자 수하가 영포를 설득하러 가겠다고 자청한다. 수하는 영포를 만나 유방이 천하 패자가 될 수밖에 없는 이유와 항우가 절대 패자가 될 수 없는 이유를 열거한 뒤, 영포가 항우를 배반하고 유방에게 왔을 때 얻을 수 있는 이익을 이렇게 제시한다.

대왕께서 군사를 동원하여 초나라를 배반하면 항 왕은 틀림없이 제나라에 머물게 될 것입니다. 항 왕이 몇 달만 머물면 한나라가 천하를 취하는 것은 틀림없는 사실입니다. 신은 대왕께서 칼을 차고 한나라에 귀순하는 데 동반하고자 합니다. 한나라 왕은 반드시 땅을 쪼개어 대왕을 봉할 것이며, 회남은 기필코 그대로 대왕께서 가지게 될 것입니다. 그런 뜻에서 한나라 왕은 삼가 신을 보내 대왕께 계책을 말씀드리게 한 것입니다.

진秦나라가 위魏나라 장수 서무의 군대를 이궐에서 공격하고, 그 길로 내친김에 주周나라까지 쳐들어오게 되었다. 이때 어떤 사람이 주최를 위하여 조趙나라 이태에게 이렇게 말하였다.

그대는 어서 진나라가 주나라를 공격하지 못하도록 저지하십시오. 이 조나라의 최고 계책은 진나라와 위나라가 다시 싸우도록 꾸미는 것입니다. 지금 진나라가 주나라를 공격하여 이기게 되면 많은 무리가 크게 다칩니다. 진나라는 주나라를 차지하겠다는 이득에 빠져 위나라를 공격하지 않고 있습니다. 그러나 진나라가 만약 주나라를 공격하여 이기지 못하면 지난번 위나라를 쳐서 이기느라 쌓인 피로와 주나라 공격 실패로 지쳐서 더 이상 위나라와 싸우려 들지 않을 것입니다. 지금 그대가 진나라가 주나라를 공격하는 것을 막고, 진나라가 아직 위나라와 강화를 맺지 않고 있을 때, 이 조나라를 온전히 보전하면서 싸움까지 그치게 해주고자 하는 것이므로 진나라로서는 듣지 않을 수 없습니다. 이는 곧 진나라를 물리치면서 주나라를 안정시키는 일입니다.

진나라는 주나라 공격을 포기하고 나면 틀림없이 위나라를 공격할 것입니다. 위나라가 지탱하기 어려우면 틀림없이 그대를 내세워 강화를 주선해 달라고 조를 것이며, 그렇게만 되면 당신의 위상은 매우 높아질 것입니다. 만약 위나라가 강화를 거부하고 힘든 싸움을 계속하게 되면, 이는 그대가 주나라를 존속시키면서 진 · 위 두 나라 모두를 싸움에 몰아넣어 역시 중요한 결정은 모두 조나라가 쥐고 있게 되는 것입니다.

—『전국책』

이처럼 해결책 제시와 이익 강조는 상대를 설득하는 데 있어서 빠뜨릴 수 없는 중요한 요소이다. 많은 사람들이 자신에게 이익이 되면 마음을 열기 때문이다. 그러므로 해결책과 이익을 제시하는 효과적인 방법을 구사할 줄 안다면 설득에 유리하다. 이제 해결책을 제시하고, 이익을 강조하는 구체적인 방법을 알아보자.

2

보여주기 · 유도하기 · 증거 제시하기 · 대안 준비하기

1_ 보여주기

1982년 심리학자들이 애리조나 주 템피에 거주하는 주택 보유자들을 상대로 설득에 관한 연구를 실시한 내용이 칩 히스Chip Heath와 댄 히스Dan Heath가 쓴 『스틱』이라는 책에 나온다. 먼저 자원봉사 학생들이 거주민들을 방문하여 수업 과제인 설문 조사에 응답해 달라고 부탁했다. 당시는 케이블 TV가 막 등장했을 때라 사람들에게 케이블 TV는 아직 낯선 것이었다. 이 연구의 목적은 케이블 TV의 혜택을 알리는 두 가지 서로 다른 접근법 중에서 어떤 것이 더 성공적인지 비교하는 것이었다. 첫 번째 주택 보유자 집단에는 다음과 같이 케이블의 가치를 알려 주는 정보를 제공하였다.

케이블 TV는 시청자들에게 보다 광범위한 즐거움과 정보를 선사할 것입니다. 케이블 TV만 잘 활용하면 사람들은 여러 가지 즐거운 이벤트를 미리 계획하고 준비할 수 있습니다. 그들은 베이비시터와 주유소에 돈을 낭비하거나 외출하는 번거로움을 피할 수 있는 대신 안락한 집에서 혼자서 또는 가족들이나 친구들과 함께 즐거운 시간을 보낼 수 있게 될 것입니다.

두 번째 집단에는 읽는 사람이 직접 상상의 나래를 펼칠 수 있도록 다음과 같이 시나리오를 제공하였다.

일 분만 짬을 내어 케이블 TV가 여러분께 얼마나 커다란 즐거움과 정보를 선사할지 생각해 보십시오. 케이블 TV만 잘 활용하면 여러분은 여러 가지 즐거운 이벤트를 미리 계획하고 준비할 수 있습니다. 베이비시터와 주유소에 돈을 낭비하거나 외출하는 번거로움을 피하는 대신, 안락한 집에서 혼자서 또는 가족들이나 친구들과 함께 즐거운 시간을 보낼 수 있게 될 것입니다.

어떤 독자들은 두 개의 안내문이 똑같다고 생각할지도 모르겠다. 두 개의 차이점이 매우 미묘하기 때문이다. 하지만 앞으로 돌아가서 각각의 안내문에 '여러분'이라는 단어가 몇 번이나 등장하는지 한번 세어 보기 바란다.

주택 보유자들은 학생들의 설문 조사에 답변을 해주고 작별을 고했다. 그들은 여기서 끝이라고 생각했지만 연구진에게는 아직 남은 일이 있었다. 한 달 뒤 다른 설문 조사가 실시되었다. 케이블 TV가

템피에 도착한 것이다. 지역 케이블 TV 회사는 주택 보유자들에게 접근하여 시청자들을 모집하기 시작했다. 대학 연구진은 케이블 TV 회사로부터 케이블 TV 신청자 목록을 입수하는 데 성공했다. 그들은 어떤 정보를 접한 주택 보유자가 케이블 TV를 더 많이 신청했는지 분석해 보았다.

그 결과, 케이블 TV에 관한 정보를 읽은 주택 보유자가 케이블 TV를 실제로 신청한 비율은 20퍼센트로, 다른 지역과 거의 비슷한 수치였다. 하지만 케이블 TV를 즐기는 자신의 모습을 상상한 주택 보유자의 신청률은 47퍼센트였다. 전형적인 우편 주문 광고에 비해 '케이블 TV의 혜택을 상상해 보라'는 접근법은 개인의 이익과 관련해 훨씬 더 큰 호소력을 지녔다는 것을 알 수 있다.

여기서 제시한 이익이 케이블 TV의 이상과는 거리가 조금 멀다는 데 주목하라. 광고의 골자는 당신이 케이블 TV를 신청하면 외출하는 번거로움을 피할 수 있다는 것이다. 실제로 추상적인 혜택을 들려주는 것만으로는 시청자들을 유혹할 수 없다. 사람들이 진정 각별하게 여기는 것은 바로 자신이 주인공이 되는 순간이다. '남편이랑 같이 소파에 앉아 재미있는 영화를 보는 내 모습이 떠오르는군. 아이들이 잘 자고 있는지 궁금해지면 언제든 위층으로 올라가 아이들을 확인할 수도 있을 테고. 그러면 베이비시터 비용을 아낄 수 있을 거야!'라고 생각이 드는 순간인 것이다.

사람들이 미래에 얻게 될 혜택으로부터 진정으로 원하는 바는 어마어마한 것이 아니라 확실성이다. 당신은 매력적인 인품도, 부富도,

섹스 어필도 약속할 필요가 없다. 그저 청중들이 즐거워하는 자신의 모습을 쉽게 떠올릴 수 있도록 적당한 혜택을 약속하면 충분하다.

이익을 강조하는 방법도 위기를 강조하는 것과 같다. 상대가 머릿속에 그림을 그릴 수 있도록 질문하거나 구체적으로 표현해야 한다. 구체적인 표현이란 곧 생생한 표현을 말한다. 아리스토텔레스는 이미 2,500년 전에 생생한 표현에 대해 이야기했다. 그가 쓴 『레토릭 Art of Rhetoric』에 따르면, '세련된 표현은 눈에 떠오르는 것처럼 그려내는 것'이다. 아리스토텔레스는 이미 머릿속에 시각적으로 이미지화하는 것의 효과를 간파하고 있었던 것이다.

텔레비전에서 방영하는 홈쇼핑을 본 적이 있는가. 홈쇼핑에서는 상품에 대해 시시콜콜하게 설명하기보다는 모델을 통해 상품을 이용하면 어떤 효과가 있는지 직접 보여준다. 옷에 대해 설명하기보다는 모델들이 그 옷을 입고 단풍이 든 가로수 길을 걷는 모습을 보여준다. 그러면 시청자들은 그 장면을 보며 자신의 그런 모습을 상상한다. 그 순간 구매 욕구가 생겨나 구매율이 올라간다. 주방기구를 이용하여 요리하는 장면, 운동기구에서 운동하는 장면 등도 모두 시청자들의 뇌를 자극하기 위하여 보여 주는 것이다. 실제로 홈쇼핑에 종사하는 사람들의 말에 따르면, 제품을 설명하는 순간보다 모델들이 제품을 직접 시연하는 동안에 주문량이 늘어난다고 한다.

그런데 우리가 다른 사람을 설득할 때 홈쇼핑처럼 모델을 등장시켜 시연할 수는 없는 일이다. 그러므로 상대가 머릿속에 이미지를 떠올릴 수 있도록 생생하게 이야기해야 한다. '설명하지 말고 보여

주기'는 그래서 중요하다. 우리는 종종 문학 작품이나 예술 작품에 매료되는 경우가 있는데, 그 이유는 머릿속에 그림을 그릴 수 있도록 만들기 때문이다. 시시콜콜한 설명을 늘어놓는 대신 '머릿속 그림 그리기' 기법을 활용하는 것이다.

정민 교수의 저서 『한시 미학 산책』에 있는 다음 글을 감상해 보자.

송나라 휘종徽宗 황제는 그림을 몹시 좋아하는 임금이었다. 그는 곧잘 유명한 시 가운데 한두 구절을 골라 이를 화제畵題로 내놓곤 했다. 한번은 '어지러운 산이 옛 절을 감추었네亂山藏古寺' 란 제목이 출제되었다. 깊은 산속의 옛 절을 그리되, 드러나게 그리면 안 된다는 주문이었다. 화가들은 무수한 봉우리와 계곡, 그리고 그 구석에 보일 듯 말 듯 자리 잡은 퇴락한 절의 모습을 그리느라 여념이 없었다. 그런데 1등으로 뽑힌 그림은 화면 어디를 둘러보아도 절을 찾을 수가 없었다. 그 대신 숲 속 작은 길에 중이 물동이를 지고 올라가는 장면을 그렸다. 중이 물을 길러 나왔으니 가까운 곳 어딘가에 분명히 절이 있겠는데, 어지러운 산에 가려 보이지 않는다. 절을 그리라고 했는데, 화가는 물 길러 나온 중을 그렸다.

유성兪成의 『형설총설螢雪叢設』에도 비슷한 이야기가 나온다. 한번은 그림대회에서 "꽃 밟으며 돌아가니 말발굽에 향내 나네踏花歸去馬蹄香"라는 화제가 주어졌다. 말발굽에서 나는 꽃향기를 그림으로 그리라는 희한한 요구였다. 모두 손대지 못하고 끙끙대고 있을 때, 한 화가가 그림을 그려 제출하였다. 달리는 말의 꽁무니를 나비 떼가 뒤쫓는 그림이었다. 말발굽에서 향기가 나므로 나비는 꽃인 줄로 오인하여 말의 꽁무니를 따라간 것이다.

"여린 초록 가지 끝에 붉은 빛 한 점, 설레는 봄빛은 굳이 많을 것이 없네嫩綠枝頭紅一點 動人春色不須多"라는 시가 출제된 적도 있었다. 화가들은 너나없이 초록빛 가지 끝에 붉은 꽃잎 하나를 그렸다. 그러나 모두 등수에 들지 못했다. 어떤 사람은 푸른 산허리를 학 한 마리가 가르고 지나가는데, 그 학의 이마 위에 붉은 점 하나를 찍어 '홍일점紅一點'을 표현하였다. 그런데 정작 1등으로 뽑힌 그림은 화면 어디에서도 붉은색을 쓰지 않았다. 다만 버드나무 그림자 은은한 곳에 자리 잡은 정자 위에 한 소녀가 난간에 기대어 서 있는 모습을 그렸을 뿐이었다. 중국 사람들은 흔히 여성을 '홍紅'으로 표현한다. 화가는 그 소녀로 '홍일점'을 표현했던 것이다.

화가가 그리지 않고 그리는 방법과 시인이 말하지 않고 말하는 수법 사이에는 공통점이 있다. 만약 시인이 자신의 감정을 시시콜콜 늘어놓는다면 넋두리나 푸념에 불과할 것이다. 다음의 시를 보자.

돌아가던 개미가 구멍 찾기 어렵겠고返蟻難尋穴
돌아오던 새들이 둥지 찾기 쉽겠구나.歸禽易見巢
복도에 가득해도 스님네는 싫다 않고滿廊僧不厭
하나로도 속객은 많다고 싫어하네.一個俗嫌多

이 시는 무엇을 노래한 것일까? 개미는 왜 구멍을 찾지 못하며, 새는 왜 둥지를 쉽게 찾을까? 복도에 가득한데도 스님네가 싫어하지 않는 것은 무엇일까? 속객은 왜 이것을 싫어할까? 이것은 당나라 때 시인 정곡鄭谷이 낙엽을 노래한 시다. 낙엽이 쌓이는 형상을 염두에 두고 읽으면, 시의 모든 상황은 석연해진다.

그러나 어디에도 낙엽과 관계되는 말은 비치지 않는다. '낙엽귀근落葉歸根'이라 했다. 한 인연이 끝나면 다시 흙으로 돌아가는 것은 낙엽만이 아니다. 우리네 인생 역시 그렇지 아니한가. 그러므로 스님네가 이를 싫어하지 않는다 함은 그 뜻이 유장하다. 하지만 한 잎 낙엽을 속객이 싫어하는 까닭은 세시이변歲時移變에 초조한 상정常情의 속태俗態를 내보임이 아니겠는가. 이러한 정황 속에 쓸쓸한 가을날의 풍경이 어느덧 가슴을 가득 메운다.

그렇다면 이런 수법이 과연 설득과 무슨 상관이란 말인가. 설득하고자 하는 상대방의 머릿속에 그림을 그리는 방법으로 이처럼 '말하지 않고 말하기'나 '그리지 않고 그리기'를 차용할 수 있다. 다음을 보자.

설명하기 "고객님께서 이 제품을 복용하시면 관절의 통증이 싹 다 나을 겁니다."

보여주기 "이 제품을 복용하시면 고객님께서 가고 싶은 곳은 어디든지 가실 수 있습니다. 아들 집에 가서 손자들 재롱을 보실 수도 있고, 청계산의 아름다움 단풍도 보실 수가 있습니다."

'보여주기'에서는 고객의 관절 통증이 싹 다 사라질 것이란 약속은 없다. 그러나 고객은 영업 사원의 설명을 들으며 자신이 손자의 재롱을 보거나 산에 올라 단풍을 구경하는 모습을 머릿속으로 그려 볼 것이다. 제품의 효과에 대해 직접 말하지 않았지만 이미 말하고 있는 것이다. 이렇게 구체적이고 생생하게 이야기해야 고객이 머릿속에 그림을 그릴 수 있고, 그럴수록 구매 확률은 올라간다.

설명하기 "이 시스템이 생산성을 향상시킵니다."

보여주기 "이 시스템을 도입하시면 생산성이 15퍼센트가량 향상됩니다. 또한 불량률이 전혀 없어 회사의 수익률을 끌어올릴 수가 있습니다. 과장님은 이 시스템을 구매하여 생산성을 올린 공로로 좋은 평가를 받으실 수 있을 것입니다."

이처럼 단순히 생산성을 향상시킬 것이란 설명보다는 얼마나 향상되고, 그렇게 됐을 경우 어떠한 혜택이 돌아갈 것인지 구체적으로 설명하여 고객이 머릿속에 그림을 그리도록 해야 한다. 이때 적절한 사례를 들어 설명하는 것도 상대의 뇌를 자극하는 생생한 설명법이다.

2_ 유도하기

브라이언Brian과 허시필드Hirshfield는 은퇴 계획을 세우지 않은 대학교 직원을 대상으로 메시지의 효과를 높이는 방법을 연구했다. 이 연구에 참여한 모든 직원에게는 은퇴 후를 대비해 저축률을 높이도록 격려하는 메시지를 보냈다. 대신 그 내용을 조금씩 다르게 했다.

예를 들어, '기본적인 미래의 자기 이익'을 강조한 메시지에는 "장기적인 이익을 고려하여 지금부터 저축을 시작하기를 권합니다. 장기적 측면의 복지가 위험 상태에 놓여 있습니다. 지금 내리는 결정이 은퇴 무렵 어느 정도의 자산을 보장해 줄 것입니다."라는 글을 더했다. 또한 '미래의 자신에 대한 의무'라는 메시지에서는 "은퇴를 대비해 자기 자신에 대한 책임을 져야 하고, 그러려면 지금부터 저축을 해야 합니다. 미래의 당신을 결정짓는 것은 지금의 당신입니다. 지금의 결정이 앞으로 당신이 의지하게 될 미래의 재정적 안전을 책임질 것입니다."라는 글을 덧붙였다.

그 결과, '미래의 자신에 대한 의무'을 강조한 그룹은 '기본적인 미래의 자기 이익'을 강조한 그룹에 비해 저축률이 증가했다. 이 연구를 살펴보면 자신의 미래에 대한 도덕적 책임에 호소하는 것이 얼마나 강력한 설득 전략인지 알 수 있다.

여기에 덧붙여 자신의 미래 모습을 보여주는 실험도 진행했다. 즉, 참가자 절반은 자신의 현재 모습을 담은 사진이 눈앞에 펼쳐진 상태에서 저축률을 조정했고, 나머지 절반은 70세가 되었을 때 어떻게 변했는지 보여주는 '노화 상태'의 사진을 보여주는 상황에서 저축률을 조정했다. 이 작은 변화는 큰 차이를 가져왔다. '자신의 미래'를 본 참가자들은 수입의 6.2퍼센트를 할당한 반면, '최근의 자신'을 본 참가자들은 4.4퍼센트만 할당했다. 두 집단 간에 40퍼센트의 차이가 난 것이다. 로버트 치알디니와 그의 동료들이 쓴 『설득의 심리학 3』에 나오는 이 이야기는 사람을 설득하는 효과적인 방법을 보여주고 있다.

그렇다면 설득하는 사람이 해결책을 제시하는 방법과 상대가 스스로 해결책을 찾아내도록 유도하는 방법 중 어느 쪽이 설득에 더 유리할까? 동기부여를 하는 데 어떤 방법이 더 효과적일까? 이 질문에 대한 답은 에드워드 L. 데시Edward L. Deci와 리처드 플래스트Richard Flaste가 공동으로 저술한 『마음의 작동법』에서 찾을 수 있다.

고모님은 몇 년 동안 고혈압 약을 드셨다. 하지만 처방대로 약을 복용하는 경우가 드물었고, 졸도나 흉통 등으로 자주 응급실 신세를 졌다. 의사는 당연히 고모님을 심하게 책망했다. 약을 처방해 주면서 매일 아침 잊지 말고 복용해야 한다고, 안 그랬다가는 끔찍한 일이 일어날 수도 있다고 강조했다. 하지만 고모님은 그 후로도 제때 약을 복용하지 않았다. 그러다가 정말로 끔찍한 일이 일어나기도 했지만 다행히 최악의 상황까지는 가지 않았다. 대체 왜 꼬박꼬박 약을 먹지 않느냐고 물으면 고모님은 깜박해서 그렇다고 대답했다.

최근에 친구가 오랜만에 고모님을 만났는데, 고모님의 상태가 훨씬 좋아져 있었다고 한다. 고모님은 꼬박꼬박 약을 복용하고 있으며, 몇 달째 응급실에 실려 간 일도 없었다고 한다. 고모님께 어떤 변화가 일어난 것일까? 우선 담당 의사가 바뀌었다. 고모님은 새 의사를 예전 의사보다 훨씬 더 좋아했다. 새 의사는 어떻게 약을 복용하는 것이 좋을지 고모님과 오랜 시간 대화를 나눴고, 하루 중 언제 약을 먹는 것이 가장 좋을지 물어보기도 했다고 한다. 고모님은 잠시 생각해 보고 잠자리에 들기 전에 먹는 게 좋겠다고 말했다. 의사가 고모님에게 약을 복용할 시간을 스스로 선택하게 한 이 사소한 차이가 전혀 다른 결과를 가져온 것이다. 이제 고모님은 하루도 잊지 않고 약을 복용하면서 이상증세도 보이지 않는다.

새로 온 의사의 방법은 어떻게 약을 복용하는 것이 좋을지 고모님과 오랜 시간 대화를 나누고, 하루 중 언제 약을 먹는 것이 가장 좋은지 질문하여 고모님에게 약을 복용할 시간을 스스로 선택하게 했다. 그렇게 하여 전혀 다른 결과를 도출한 것이다. 이러한 자기 결정은 다른 사람을 설득할 때 매우 효과적이다. 사람들은 다른 사람이 시켜서 억지로 하는 것보다 본인이 원하고 선택한 일에 더 많은 동기부여가 되기 때문이다.

심리학자 엘렌 랭거Ellen Langer와 주디스 로딘Judith Rodin은 자기 결정이 삶에 어떤 영향을 미치는지 양로원 노인들을 대상으로 실험을 했다. 이 연구에서 노인들을 (가)와 (나) 두 집단으로 나누어 (가) 집단 노인들에게는 가구를 어떻게 배치할지, 언제 누가 방문하는지, 화분을 기를 것인지 말 것인지와 같이 일상생활에서 아주 사소한 것들을 스스로 결정하도록 했다. 반대로 (나) 집단 노인들에게는 양로원 규칙을 알려 주며 이러한 행위들을 통제했다.

실험 결과는 사소한 것이라도 자기가 스스로 결정할 수 있을 때 삶에 어떤 영향을 미치는지 잘 보여주고 있다. 잡다한 것들을 스스로 결정할 수 있도록 한 (가) 집단 노인들이 더 활동적이고 더 많은 행복감을 느꼈으니 말이다. 또한 실험을 시작한 지 3주 후에 실시한 조사에서 사소한 것까지 통제받은 (나) 집단 노인들의 73%가 더 쇠약해진 반면, 자유롭게 스스로 결정할 수 있었던 (가) 집단 노인들의 93%가 정신적 · 신체적으로 더 건강해졌다. 18개월 후의 2차 조사에서도 비슷한 결과가 나왔는데, (가) 집단 노인들의 건강 상태가 (나) 집단 노인들에 비해 훨씬 더 양호했으며, 사망률도 적었다.

양로원 노인들을 대상으로 한 비슷한 연구 결과가 한 가지 더 있다. 이번에는 양로원에 있는 노인들을 세 집단으로 나누어 (가) 집단 노인들에게는 그들이 지내는 방에 화분을 놓아 주고 6개월 동안 마음대로 화분을 돌보도록 하였고, (나) 집단 노인들에게는 같은 기간 동안 화분을 돌보는 일을 맡기지 않고 직원들이 직접 화분을 관리하였다. 마지막 (다) 집단은 자신들의 뜻대로 3개월 동안 화분을 가꾸게 한 뒤, 나머지 3개월은 직원들이 화분을 가꾸도록 하였다.

실험을 끝낸 후, 요양원을 방문한 의사들과 심리학자들은 세 집단의 사망률 차이를 살펴보았다. 어떻게 예상하는가? 당연히 스스로 화분 관리를 할 수 있었던 (가) 집단의 노인들이 '어느 정도' 더 행복감을 느끼고 건강할 것이라고 예상할 것이다. 그렇다. 당신의 예상이 적중했다.

그런데 그 차이는 당신이 상상하는 '어느 정도' 보다 훨씬 더 컸다. 양로원을 방문한 의사들과 심리학자들도 실험 결과를 보고 깜짝 놀랐다. 화분을 마음대로 돌볼 수 있었던 (가) 집단 노인들보다 화분을 자기 마음대로 할 수 없었던 (나) 집단의 노인들 사망률이 두 배나 더 높게 나타난 것이다. 또한 처음에는 자기 결정권이 있었지만, 3개월 뒤에 결정권을 빼앗긴 (다) 집단의 노인들은 (가) 집단의 노인들보다 무려 세 배가량 사망률이 높게 나타났다.

깜짝 놀랄 만한 결과가 아닐 수 없다. 자기 결정 욕구가 이렇게 수명에까지 영향을 미친다는 것이 정말로 놀랍지 않은가. 이처럼 사람은 자기가 하고 싶은 일을 스스로 결정할 때 더 큰 행복감을 느낀다. 남이 맡겨서 어쩔 수 없이 일하며 느끼는 감정과는 비교할 수도 없다. 양로원의 실험 결과는 사람들로 하여금 스스로 무엇인가를 선택하여 행하게 했을 때 동기부여가 잘되고 더 큰 행복감과 만족감을 준다는 사실을 밝혀냈다. 사람이라면 누구에게나 자기 결정 욕구가 있기 때문이다.

자기 결정은 곧 스스로 자유롭게 선택할 수 있는 자율성을 뜻한다. 자율성이 많은 조직은 조직원들에게 스스로 자신의 목표를 설정하고, 목표를 성취하기 위한 나름의 방법을 선택하며, 자기가 결정한 방식으로 문제를 해결하고, 자기가 정한 일정대로 계획을 수행하도록 한다. 조직원들에게 무엇을, 어떻게 할 것인지 결정하도록 재량권을 준다면 그들은 더 큰 책임감을 느끼게 되며, 좋은 성과를 내기 위해 더 열심히 일하게 된다.

자기 결정의 법칙이 작동하면 리더가 조직원들에게 수시로 동기를 부여할 필요가 없다. 알아서 잘한다. 조직에 자율성이 있어서 조직원들에게 책임과 권한이 적절히 주어지면 조직과 리더는 두 가지 이득을 얻을 수 있다.

우선 성과를 높일 수 있다. 자신의 능력이 높게 평가받았다고 느끼는 조직원일수록 더 큰 자신감을 갖게 되고, 자신감이 높은 조직원일수록 더 좋은 성과를 낼 수 있기 때문이다. 다음으로 얻을 수 있는 이득은 조직원들이 주인 의식을 갖고 자기의 책임을 다한다는 것이다. 어느 조직이든 책임과 권한이 없는 사람들이 불평불만을 늘어놓는다. 이들은 단지 먹고살기 위해 하루하루를 보낼 뿐, 자신이 맡은 일 외에는 창의성을 발휘하지 않는다. 당연히 좋은 성과를 낼 수도 없다.

이처럼 리더가 해결책을 제시했을 때보다 조직원들 스스로 해결책을 찾아냈을 때 실행력을 높일 수 있다. 그러면 어떻게 해야 그들 스스로 해결책을 찾도록 유도할 수 있을까? 효과적인 질문을 한다면 그들 스스로 답을 찾도록 도움을 줄 수 있다. 다음 질문들이 해결책을 찾는 데 도움을 준다.

· "이 상황에서 당신이 가장 먼저 취해야 할 행동은 무엇입니까?"
· "그것은 어떤 방법으로 실행에 옮길 수 있습니까?"
· "어떻게 하면 좋겠습니까?"
· "이 문제를 해결하려면 어떤 방식으로 해야 할까요?"
· "그것을 위해 필요한 기술은 무엇입니까?"
· "과거의 경험 중에서 이 문제에 활용할 수 있는 것은 무엇입니까?"
· "오늘 당장 할 수 있는 일은 무엇입니까?"

해결책을 스스로 찾도록 유도한 질문의 사례는 전 포드 자동차 사장인 도널드 피터슨Donald Petersen이 잘 보여주고 있다. 앤서니 로빈슨Anthony Robbin)이 쓴 『네 안에 잠든 거인을 깨워라』에는 다음과 같은 도널드 피터슨의 이야기가 나온다.

피터슨 사장은 '당신은 어떻게 생각하십니까?' 라는 질문을 끈질기게 하는 것으로 유명하다. 피터슨이 자동차 디자이너인 잭 텔낵Jack Telnact에게 "당신은 지금 디자인하고 있는 자동차가 만족스럽다고 생각하십니까?" 라고 질문했다. 그러자 잭 텔낵은 "사실은 그렇지 않습니다." 라고 대답했다. 이때 피터슨은 매우 중요한 질문을 던졌다.

"그러면 경영진이 원하는 것을 완전히 무시하고 당신이 개인적으로 갖고 싶은 차를 하나 설계해 보는 것은 어떻습니까?"

잭 텔낵은 피터슨의 제안을 받아들여 1983년 포드 선더버드를 만들었다. 바로 이 차가 그 후에 나오는 토러스와 세이블의 모델이 된 것이다. 이 차는 포드 자동차 수익을 대폭 올리는 계기가 됐다. 피터슨의 질문은 디자이너가 스스로 해결책을 찾아내도록 유도했다. 즉, 디자이너가 잠재 능력을 발휘하여 최고의 디자인을 할 수 있도록 유도한 것이다.

상대방이 스스로 깨닫도록 하는 데에도 질문은 유용하다. 그것은 상대를 설득하기 위해 자기주장만 하는 것보다 훨씬 더 효과가 크다.

위나라에서는 새로 재상 직책을 마련하고 전문을 그 자리에 임명하였다. 오기吳起는 자신이 재상이 되리라 기대하였다가 그렇게 되지 않자, 이를 못마땅하게 여긴 나머지 전문에게 이렇게 말하였다.

"당신과 나의 공로를 비교해 보고 싶은데, 어떻소?"

전문이 대답하였다.

"좋소."

먼저 오기가 물었다.

"삼군의 장군이 되어 병사들로 하여금 기꺼이 나라를 위해 목숨 바쳐 싸우게 하며, 또 적국이 감히 우리 위나라를 넘볼 수 없게 하는 점에서 나와 당신 중 어느 쪽이 더 낫다고 생각하시오?"

전문이 대답하였다.

"제가 당신에게 미치지 못하지요."

다시 오기가 물었다.

"백관을 다스리고, 백성들한테 믿음을 얻으며, 나라의 재정을 튼튼히 하는 점에서는 누가 낫겠소?"

전문이 말하였다.

"그것도 당신만 못하지요."

재차 오기가 물었다.

"서하를 지켜 진나라 군사가 감히 동쪽으로 향해 우리 위나라를 칠 생각을 하지 못하게 하고, 한 · 조 두 나라를 함께 복종하게 만드는 데는 누가 더 낫겠소?"

이번에도 전문이 답하였다.

"그 역시 당신을 따를 수 없소."

그러자 오기가 말하였다.

"이 세 가지 점 모두 당신은 나만 못한데 지위는 나보다 높으니 무슨 까닭이오?"

전문이 말하였다.

"왕께서 아직 나이가 어려 온 나라가 불안에 싸여 있소. 대신들은 아직 왕에게 심복하고 있지 않으며, 백성들도 왕을 믿지 못하고 있소. 이처럼 안전하지 못한 때에 우리 중 어느 쪽이 재상으로 적합하겠소?"

오기는 잠자코 말이 없다가 얼마 뒤에야 입을 열었다.

"당신에게 맡기겠지요."

전문이 말하였다.

"이것이 내가 당신보다 윗자리에 앉게 된 까닭이오."

그제야 오기는 자신이 전문만 못하다는 것을 인정하게 되었다.

어떤가. 질문이 얼마나 강력한 힘을 가졌는지 알겠는가?

3_ 증거 제시하기

위기를 강조하거나 해결책과 이익을 제시한 다음에는 자신의 주장을 강화할 수 있는 증거를 밝혀야 한다. 무엇인가를 주장했으면 그 주장을 합리적으로 뒷받침하는 근거를 대는 것은 너무나 당연한 이치다. 과학적인 실험이나 학문적인 주장을 한다면 그 주장을 뒷받침하는 증거는 합리적이고 논리적이어야 한다.

그런데 다른 사람을 설득할 때는 이런 것들보다 더 중요한 것이 있다. 바로 상대의 마음을 움직일 수 있는 감정적인 증거가 그것이다. 사랑하는 연인에게 사랑을 고백할 때 "당신을 사랑합니다."라고 말하는 것은 자신의 주장이다. 이렇듯 자신의 사랑을 주장했으면 그것을 증명할 수 있는 증거를 대야 한다. 그것은 꽃다발이 될 수도 있고, 반지가 될 수도 있다. 맨입으로 사랑한다고 말하는 것보다 작은 선물이라도 주며 말하면 그 말에 더 신뢰가 가지 않겠는가.

세일즈에서 제품의 특징을 설명하고 나서 유명인의 이름을 대며 "○○○도 이 제품을 사용하고 있습니다."라고 말하는 것이 바로 전형적인 증거 제시 방법이다. 사실 유명인이 제품을 사용하는 것과 질이 좋은 제품 간에는 논리적인 연결 고리가 하나도 없다. 그런데도 고객들은 이러한 마케팅 수법에 설득된다. 설득은 사람의 마음을 움직이는 일이다. 유명 연예인이나 모델을 광고에 활용하는 것도 사실 논리적인 것과는 거리가 있지만, 이를 통해 고객의 감정을 움직이려는 의도가 깔려 있다.

초패왕 항우와 한 왕 유방이 중원을 차지하기 위해 싸우고 있을 때였다. 연나라와 조나라는 한 왕이 차지하였으나, 제나라는 왕이 아직 항복하지 않고 있었다. 이에 한 왕은 역생을 제나라 왕에게 보내 그를 설득하도록 하였다. 제나라 왕이 "천하는 어디로 돌아갈 것이라 보는가?"라고 질문하자 역생은 "한나라 왕에게 돌아갈 것입니다."라고 말한다. 그리고 그에 대한 증거를 이렇게 댄다.

> 한 왕은 공이 있는 장군을 후로 봉하고, 재물이 들어오면 병사들에게 나누어 주어 천하의 사람들과 이익을 함께하기 때문에 영웅호걸, 어진 선비들, 군사들이 사방에서 모여들고 있습니다. 그러나 항 왕에게는 약속을 배반하였다는 악명에다가, 의제를 죽였다는 배덕의 죄목이 있으며, 군사들은 싸워 이겨

도 상을 받지 못하고, 성을 함락해도 봉토를 얻는 일이 없으며, 항 씨 일족이 아니면 요직에 앉을 수도 없다는 꼬리표가 있습니다. 또 인색하여 사람을 봉封하기 위해 후의 인印을 새겨 두고도 아깝다고 여겨 자기 손에 쥐고 만지작거리다가 그것이 닳아 없어지도록 남을 주는 일이 없고, 성을 얻고 재물을 얻어 아무리 많이 쌓아 두어도 그것을 남에게 상으로 주지 않습니다. 이에 천하는 모두 배반하고, 어진 인재들은 원한을 품고 있어 누구도 항 왕을 위해 일하려는 사람이 없습니다.

역생은 자기주장의 타당성을 뒷받침하기 위한 증거로 '이야기'를 하고 있다. 이야기는 사람들의 감정을 움직이는 힘이 있다. 이야기에 관한 것은 4장에서 자세히 다룰 것이므로 여기서는 역생이 제나라 왕을 설득하기 위해 그의 감정을 어떻게 흔들고 있는지에 대해서만 주목하자. 역생은 천하가 한 왕에게 돌아온다는 주장에 대한 증거로 '한 왕은 공이 있는 장군을 후로 봉하고, 재물이 들어오면 병사들에게 나누어 주어 천하의 사람들과 이익을 함께하기 때문에 영웅호걸, 어진 선비들, 군사들이 사방에서 모여들고 있다.'는 사실을 제시하고 있다. 반면 항우에 대한 것은 그의 도덕성을 깎아 버리는 '네거티브' 전략을 구사하고 있다.

한 왕이 천하 패권을 차지할 것이라는 주장에 대한 증거라면 적어도 '군사력의 우세'나 '형세의 유리함' 정도가 합리적일 것이다. 그런데 역생은 눈에도 보이지 않는 것을 증거로 제시하고 있다. 사실 그 당시 상황은 항우가 한발 앞서고 있었다. 그러니 그런 것은 증거가 될 수 없었다. 역생은 한 왕의 '덕'과 항우의 '부덕'을 강조하여 감성을 자극하였다. 역생이 이렇게 한 왕의 '덕'과 항우의 '부덕'을 대비한 것을 이해하려면 그 당시 사람들의 정서를 이해할 필요가 있다. 황제가 된다는 것은 사실 군사력만으로 되는 것은 아니었다. 공자의 제자 자공이 각 나라를 다니며 설득하는 장면을 기억할 것이다. 그중 오나라 왕 부차를 설득하는 장면을 다시 떠올려 보자.

이제 장차 패자로서 망하려는 것을 붙들어 주고, 끊어지려는 것을 이어 주는 것으로 명분을 삼고 계십니다. 그런데 약한 월나라를 치고 강한 제나라를 두려워하는 것은 용기라 말할 수 없습니다. 대체로 용기 있는 사람은 어려운 것을 피하지 않고, 어진 사람은 괴로운 사람을 궁지로 몰아넣지 않으며, 지혜로운 사람은 때를 놓치지 않고, 제왕帝王은 속국의 뒤를 끊지 않음으로써 그 의를 살리게 되는 것입니다. 지금 월나라를 그대로 둠으로써 제후에게 어질다는 것을 보여주게 되고, 노나라를 구원하여 제나라를 치고 그 위력을 진나라에 더하게 되면, 제후들은 틀림없이 서로 앞 다투어 오나라로 찾아들 것이니, 그렇게 되면 패업霸業을 이루게 되는 것입니다.

천하의 패자가 되려면 이렇게 명분과 용기와 의義 그리고 위력을 동시에 갖춰야 한다. 힘만 있다고 되는 것이 아니다. 다음 이야기는 이 사실을 확실히 보여주고 있다. 육생은 초나라 사람으로 한고조 유방을 도와 천하를 평정하는 데 많은 공을 세웠다. 육생은 특히 말주변이 좋았다. 고조가 글공부에 짜증을 내자 그는 무력만으로는 나라를 제대로 통치할 수 없다는 것을 다음과 같은 증거를 대서 설득했다.

육생은 고조 앞에 나아가 강의할 때마다 시와 서에 관한 것만 이야기하였다. 이에 고조는 짜증을 내며 이렇게 책망하였다.

"나는 말 위에서 천하를 얻었소. 시니 서니 하는 것들이 대체 무슨 소용이 있단 말이오?"

그러자 육생은 이렇게 대답하였다.

"마상에서 천하를 얻었다고 하여 마상에서 천하를 다스릴 수 있겠습니까? 탕왕湯王과 무왕武王은 무력으로 천하를 역취逆取하였지만, 천하를 얻은 뒤에는 순리로 지켰습니다. 문무를 아울러 쓰는 것만이 천하를 길이 보존하는 길입니다. 옛날 오나라 왕 부차夫差와 진晉나라의 지백智伯은 무武만을 지나치게 썼기 때문에 망한 것이며, 진秦나라는 가혹한 형법만을 사용하였기 때문에 결국 조씨趙氏는 망한 것입니다. 진나라가 천하를 통일한 다음 인의를 행하여 옛 성인을 본받았던들 폐하께서 어떻게 천하를 차지할 수 있었겠습니까?"

여기서 육생이 한고조 유방에게 제시한 해결책은 '문무를 아울러 쓰는 것'이었다. 이어서 그는 문무를 아울러 써서 성공한 사례와 무력만을 지나치게 사용하여 실패한 사례를 증거로 제시하고 있다. 이처럼 증거를 제시할 때는 두 가지 경우, 즉 첫째는 제시한 해결책을 받아들여 이익을 얻은 경우, 둘째는 해결책을 받아들이지 않아 손해를 본 경우를 함께 예로 드는 것이 좋다.

단, 이때 증거로 내세우는 사례는 과거에 잘 알려진 유명한 사례나 최근 사례가 좋다. 사람들이 기억하기 쉬워야 설득하는 데 더 큰 영향을 끼치기 때문이다. 이것을 '회상의 용이성' 또는 '가용성 편의'라고 한다. 우리가 흔히 자동차 사고보다 비행기 사고를 더 끔찍하게 생각하는 것도 회상의 용이성 때문이다. 비행기 사고는 워낙 규모가 커서 언론에서 집중 보도하기 때문에 사람들에게 자동차 사고보다 더 크게 다가온다.

이사는 초楚나라 사람으로 진秦나라에서 벼슬을 하였다. 젊은 시절 고을의 하급 관리였을 때, 어느 날 관청 뒷간에 있던 쥐가 불결한 것을 먹다가 사람이나 개의 기척에 놀라 달아나는 것을 보았다. 그런데 곡식 창고에 들어갔더니 그 안의 쥐는 쌓인 곡식을 먹으며 넓은 집에서 살고 있으면서도 사람이나 개를 겁내지 않았다. 이에 이사는 "사람이 어질다거나 못났다고 하는 것은 이런 쥐와 같아서 자신이 처해 있는 곳에 달렸을 뿐이구나." 하고 탄식하였다.

그 후 이사는 제왕의 통치술을 배우고, 그 당시 가장 강한 나라였던 진나라로 들어가기로 한다. 여불위의 주선으로 진나라 왕에게 유세할 기회를 얻자 그는 진나라가 천하를 통일할 것을 주장했다. 그리고 진나라 왕이 그 주장을 받아들이면서 그는 객경客卿의 자리까지 오르게 된다.

때마침 한韓나라 정국鄭國이 진나라에 들어와서 이간을 쓰고자 왕에게 권하여 물을 대는 운하를 만들게 했다. 이것은 진나라가 남은 힘을 소진하도록 해서 그 틈을 노리려는 한나라의 모략이었다. 이것이 발각되자 진나라의 대신들은 진나라에서 벼슬하는 다른 나라 사람들을 모두 추방해야 한다고 주장했다. 이사도 그 대상이 되자 왕에게 설득하는 글을 올렸다. 다음은 이사가 올린 글이다.

신이 듣건대, 관리들은 빈객 추방을 결의하였다고 합니다. 신이 생각하건대 이는 지나친 잘못입니다. 옛날 목공은 어진 선비를 구하여 유여를 서쪽 융에서 데려오고, 백리해를 동쪽 완에서 얻었으며, 건숙을 송나라에서 맞이하였고, 비표 · 공손지를 진나라에서 찾아냈습니다. 이 다섯 사람의 모국은 진나라가 아니었지만, 목공은 그들을 등용하여 20개국을 병합하고 마침내 서융의 패자가 되었습니다. 또 효공이 상앙의 변법을 채택하여 풍속을 개혁함으로써 백성들은 번영하고, 나라는 부강해졌으며, 백성들은 기꺼이 부역하고, 제후들은 친절히 복종하였습니다. 그리하여 초 · 위 두 나라 군사를 깨뜨려 넓힌 땅이 천 리나 되었습니다. 이 때문에 지금도 나라가 잘 다스려지고 군사가 강한 것입니다.

혜왕惠王은 장의張儀의 계획을 써서 삼천 땅을 서쪽으로 파 · 촉의 땅까지 합하고, 북쪽으로 상군을 치고, 남으로 한중을 공략하여 구이를 포섭함으로써 초나라 수도 언영을 제압하고, 동쪽으로는 성고의 험난한 지형을 의지하여 기름진 땅을 빼앗고, 마침내 여섯 나라의 합종 맹약을 깨뜨려 서쪽을 바라보며 진나라에 복종하도록 하여 그 공로가 오늘날까지 이어지고 있습니다. 소왕昭王은 범저를 얻어 그 계책에 의하여 양후를 폐하고 화양군을 추방함으로써 진나라 왕실을 굳건히 하여 대신들의 세력이 커지는 것을 막고, 제후의 땅을 잠식하여 진나라 제업을 이룩하였습니다.

이 네 군주는 모두 빈객을 등용하여 성공한 것입니다. 이렇게 보면 빈객이 진나라를 배반한다고 말할 근거가 어디에 있습니까? 만약 이 네 군주가 일찍이 빈객을 물리쳐 받아들이지 아니하고 어진 선비를 소홀히 하여 등용하지 않았더라면, 나라는 부귀함을 이루지 못하고 진나라에 굳센 명성도 없었을 것입니다.

이 글에서 이사는 과거 진나라 왕이 다른 나라 출신을 등용하여 나라를 부강하게 만든 사례를 열거하고 있다. 이사가 상앙, 장의, 범저에 대한 이야기를 할 때 진 왕의 머릿속에는 그 당시 상황이 떠올랐을 것이다.

그의 글을 통해 증거를 제시하는 방법을 정리하면 대강 이렇다. 먼저 상대의 감성을 움직일 만한 이야기를 찾아야 한다. 그 이야기는 당신이 제시한 해결책을 선택하여 이익을 본 사례나 그것을 선택하지 않아 실패한 사례여야 한다. 특히 상대가 기억해 내기 쉬운 것을 제시하면 설득 효과를 더욱 높일 수 있다. 그런데도 상대가 설득되지 않는다면 어떻게 해야 할까?

4_ 대안 준비하기

해결책을 제시할 때는 그 해결책이 받아들여지지 않을 때를 대비하여 대안을 준비할 필요가 있다. 특히 당신의 제안이 상대방의 기준을 충족하지 못할 때에는 대신할 수 있는 대안이 있어야 한다. 이것은 협상에서도 유용하게 사용하는 방법인데, 이를 베트나BATNA : best alternative to negotiated agreement라고 한다. 요즘은 고객 입장에서 보면 베트나가 풍부한 환경이 되었다. 공급이 많고 수요가 적은 환경은 어쨌든 고객에게 유리하기 때문이다. 무엇이든 인터넷으로 검색하여 최적 가격으로 구매할 수 있으니 이보다 더 좋은 베트나는 없을 것이다.

청계천 복원 사업을 할 때, 서울시가 반대하는 청계천 상인들을 설득하기 위해 베트나를 활용한 사례는 유명하다. 전성철과 최철규는 공동으로 저술한 『협상의 10계명』에서 그 과정을 잘 정리해 놓았다.

서울시는 2002년 7월, 미관상 좋지 않고 시민 안전을 위협하는 노후한 청계고가를 철거하고 청계천을 복원하겠다는 계획을 발표했다. 하지만 2만여 노점 상인들은 상권 소멸, 교통 대란, 홍수 위험 따위를 제기하며 격렬히 반대했다.

서울시는 노점 상인들에게 황학동 만물시장과 문정동 물류단지 등의 땅을 제공하고, 업종 전환도 지원하겠다는 유인책을 제시하였다. 하지만 노점 상인들은 영업 손실 보상금으로 10조 원을 요구하며 맞섰다. 이때 서울시는 공사비 이외에 어떠한 추가 예산도 없었다.

보상금으로 10조 원을 요구하던 노점 상인들과 보상금으로 한 푼도 지급할 수 없던 서울시는 평행선을 달리며 협상 타결이 불가능한 상황이었다. 이때 서울시는 '고가 보수 공사'라는 강력한 베트나를 내놓았다. 서울시 협상 대표는 상인들에게 이렇게 말했다.

"최근 청계고가 안전을 검사한 결과, 위험하다는 판정을 내렸습니다. 만약 이번 협상이 결렬된다면 서울시는 앞으로 2년간 고가도로 보수 공사를 할 수밖에 없습니다. 서울 시민과 상인 여러분의 안전을 위해서 하는 일이니 적극 협조해 주셔야 합니다. 또 이것은 법에서 지정한 공사이기 때문에 서울시 측에서는 안타깝지만 어떠한 지원도 해드릴 수가 없습니다."

이 말을 들은 상인 대표들은 가슴이 철렁 내려앉았다. 청계고가 보수 공사를 시작하면 어차피 공사 기간 동안 장사를 할 수 없기 때문이다. 특히 시민 안전을 위한 공사라는데, 반대할 명분도 없었다. 또한 청계천 복원 사업은 서울시가 주장한 사업이기 때문에 어떤 수를 써서라도 기간 내에 마무리하려고 노력하겠지만, 마지못해 하는 고가 보수 공사는 2년 내에 끝나리라는 보장도 없었다. 그래서 어차피 생업에 지장을 받는 것이라면 3년간 이주와 업종 전환 지원을 받는 것이 낫다고 판단했고, 협상은 서울시가 원하는 대로 타결되었다.

이처럼 상대를 설득할 때 대안으로 제시할 강력한 베트나가 있으면 유리하다. 하지만 반대의 경우도 있을 수 있다. 자신이 취할 수 있는 대안이 약할 때가 그러한 경우인데, 이럴 때는 상대가 이것을 눈치 채지 못하도록 적당히 위장할 필요가 있다.

'교토삼굴狡兎三窟'이란 고사성어가 있다. '꾀 있는 토끼는 세 개의 굴을 파 놓는다.'는 뜻으로, 맹상군孟嘗君의 일화에서 나온 말이다. 맹상군의 이름은 전문田文으로, 제나라 귀족이었다. 그는 신릉군信陵君, 평원군平原君, 춘신군春申君과 함께 '전국 사공자戰國四公子'로 불렸다. 사공자는 재능 있는 현사들을 좋아해서, 찾아오는 사람이 있으면 귀천을 가리지 않고 재워 주고 먹여 주었는데, 그런 사람들을 '식객食客'이라고 했다. 그들은 각기 식객 수천 명씩을 거느리고 있었으며, 그중에서도 맹상군의 식객이 가장 많았다. 그 중에 풍훤이란 사람의 이야기를 보자.

제나라에 풍훤馮諼이란 사람이 있었는데, 집이 매우 가난해서 입에 풀칠하기도 어려웠다. 그래서 맹상군에게 사람을 보내 식객으로 들어가고 싶다고 청했다. 맹상군은 두말없이 그를 받아들였지만, 다른 식객들에 비해 아무 재주도 없는 사람이라고 얕보며 잡곡밥에 푸성귀만 주면서 음식 대접을 소홀히 했다.

그러던 어느 날, 풍훤이 대청 기둥에 기대어 앉아 검을 박자에 맞춰 두드리면서 노래를 불렀다.

"장검아, 장검아, 이제는 돌아가자. 물고기도 먹을 수 없으니 돌아가지 않고 뭐하겠느냐."

이 모습을 본 맹상군은 아랫사람들에게 지시를 내렸다.

"그에게도 물고기를 대접하게. 다른 식객들처럼 잘 대접해 주게."

밖에 나갔다가 돌아온 풍훤은 또 기둥에 기대어 앉아 노래를 불렀다.

"장검아, 장검아, 돌아가자. 밖에 나가는데 수레가 없으니 돌아가지 않고 뭐하겠느냐."

이 말을 들은 맹상군은 또다시 아랫사람들에게 말했다.

"풍원도 다른 식객들과 똑같이 대우해 주게. 그가 밖으로 나갈 때 수레를 내어 주게."

그리고 얼마 지나지 않아서 풍훤은 또 노래를 불렀다.

"장검아, 장검아, 돌아가자. 여기서는 노인을 봉양할 수 없으니 돌아가지 않고 뭐하겠느냐."

이 노래를 들은 맹상군은 아랫사람들에게 분부하여 그의 어머니에게 매일 세 끼 음식을 보내게 했다.

그런데 이상하게도 그다음부터는 풍훤의 노랫소리가 들리지 않았다. 그러던 어느 날, 맹상군은 풍훤에게 설읍薛邑에 가서 빚을 받아 오라고 했다. 풍훤이 길을 나설 때 맹상군에게 물었다.

"빚을 다 받으면 무엇을 사올까요?"

그러자 맹상군이 답했다.

"우리 집에 무엇이 부족한가를 보고, 부족한 것을 사 오게."

설읍에 도착한 풍훤은 빚을 진 사람들을 모두 불러 모아서 채무를 하나하나 대조해 보게 했다. 그러고는 맹상군이 빚을 탕감해 주기로 했다며 선포한 다음, 빚 문서들을 사람들이 보는 데서 불태워 버렸다. 백성들이 맹상군에게 감사한 것은 두말할 나위가 없었다. 이튿날 풍훤은 도성으로 돌아왔다. 맹상군은 풍훤이 빨리 돌아온 것을 보고 매우 놀라워하며 이렇게 물었다.

"빚은 다 받아 왔는가?"

"네, 다 받았습니다."

"그럼 무엇을 사왔는가?"

"분부대로 공자님 댁에 없는 것을 사 왔습니다. 소인이 보건대 공자님 댁에는 다른 것은 다 있는데 오직 '의義'가 부족한 것 같아서 '의'를 사가지고 돌아왔습니다."

맹상군이 어리둥절해하자 풍훤이 말을 보탰다.

"소인은 공자님 허락도 없이 사사로이 공자님 결정이라고 꾸며, 그들의 빚을 모두 탕감해 주었습니다. 그리고 빚 문서도 전부 다 태워 버렸습니다. 그러자 백성들은 하나같이 공자님의 은덕을 잊지 않겠다고 소리쳤습니다. 이렇게 소인은 공자님에게 '의'를 사왔습니다."

맹상군은 속으로는 몹시 언짢았지만 겉으로는 아무 말도 하지 않았다.

그런데 일 년 후에 제나라 민왕泯王이 맹상군의 직위를 파면하자, 그는 어쩔 수 없이 봉읍지인 설읍으로 내려가야 했다. 그 소식을 들은 설읍 백성들은 남녀노소 할 것 없이 백 리 밖까지 나와서 그가 오기만을 기다렸다. 이 광경을 본 맹상군은 크게 감동했으며, 풍훤을 돌아보며 이렇게 말했다.

"오늘에서야 비로소 자네가 사왔다는 '의'를 이 두 눈으로 보게 되었네."

그러자 풍훤은 이렇게 대답했다.

"꾀 있는 토끼들은 세 개의 굴을 파 놓는다고 합니다. 그래야 생명을 보존할 수가 있지요. 지금 이 설읍은 굴 하나에 불과합니다. 그러나 하나의 굴만으로는 안심할 수가 없습니다. 소인이 굴 두 개를 더 파 놓도록 허락해 주십시오."

물론 맹상군은 풍훤의 제안에 찬성했다. 풍훤은 양梁나라로 가서 혜왕惠王에게 이렇게 말했다.

"지금 제나라 대신 맹상군은 임금에게 쫓겨나 국외에 있습니다. 맹상군은 재능 있고 덕이 높은 분입니다. 그를 등용하는 나라는 반드시 강성해질 것입니다."

혜왕은 그 말에 일리가 있다고 생각하고 맹상군을 재상으로 삼기로 결정했다. 그래서 사신더러 수레 백 대와 황금 천 근을 가지고 설읍으로 가서 맹상군을 데려오도록 했다. 그 소식을 들은 민왕은 무척 놀랐으며, 자신의 경솔함을 후회했다. 그는 즉시 태자 스승에게 황금 천 근과 화려하게 장식한 수레, 자신의 보검, 잘못을 사과하는 문서를 가지고 설읍으로 가서 맹상군을 데려오도록 했다. 맹상군은 재상 일을 보겠다고 하면서, 풍훤의 조언을 따라 선조 때부터 내려오는 제사 기물들을 설읍에도 얼마쯤 나눠 주어 종묘를 세우게 해 달라고 했다. 민왕은 그 요구를 즉시 들어주었다. 이리하여 맹상군은 수십 년 동안 아무런 위협이나 화액을 당하지 않고 순조롭게 제나라 재상을 지냈다.

미국 루즈벨트 대통령의 이야기를 하나 더 보자.

미국의 한 유명 출판사가 32대 미국 대통령이었던 프랭클린 루즈벨트 Franklin Rousevelt의 전기를 출판하기로 하고 유명 작가와 계약을 맺었다. 작가는 몇 년 동안 뉴욕 하이드파크의 프랭클린 루즈벨트 도서관에 출근하면서 각종 자료와 문서를 분석하여 집필에 착수했다. 그가 열심히 집필하는 동안 원고 마감이 다가왔다. 작가는 수년 넘게 심사숙고한 원고를 출판사에 보냈다. 흠잡을 데 없는 완벽한 원고였다. 루즈벨트에 대한 통찰력이 넘쳐났고, 영부인과의 복잡한 관계도 생생하게 묘사되어 있었다.

하지만 문제가 하나 있었다. 작가가 전달한 원고가 장장 1,400쪽에 달하는 분량이었던 것이다. 출판사는 훌륭한 원고에 탄복하면서도 방대한 분량이 독자들의 흥미를 떨어뜨릴 것이라고 판단했다. 결국 출판사는 작가에게 많은 분량을 편집해 달라고 요청했다. 하지만 작가는 단호히 거절했다. 작가는 수

년 동안 시간을 들여 쓴 원고였기에 편집 요청을 받아들이지 않았다. 결국 양측은 합의하지 못하고 계약을 파기하기에 이르렀고, 작가는 자신이 받았던 선금을 출판사에 돌려줬다.

그런 뒤에 작가는 다른 유명 출판사인 W.W 노튼앤컴퍼니의 문을 두드렸다. 새로운 출판사 역시 방대한 양을 걱정하였다. 심각한 고민 끝에 편집자는 책을 두 권으로 나누어 내자는 묘안을 제안했다. 덕분에 책을 무사히 출판할 수 있었다. 『엘리노어와 플랭클린』이라는 제목으로 출판된 1권은 7백 쪽이 넘는 두꺼운 책이었지만, 저자인 조지프 래시Joseph Lash에게 퓰리처상과 전미도서상이라는 영예를 안겨 주었다. 2권으로 나온 『엘리노어, 그녀가 홀로 보낸 시간들』 또한 베스트셀러에 올랐다. 이후 수십 년이 지난 오늘날까지도 이 두 권은 절판되지 않고 여전히 판매 중이다.

다음은 정인호와 이은진의 저서 『소크라테스와 협상하라』에 나오는 내용이다.

설득을 할 때나 협상을 할 때 한 가지만 밀어붙이려고 하는 것은 실패할 확률이 높다. 그것이 나에게는 최선책이더라도 상대에게는 그렇지 않을 수도 있기 때문이다. 그러므로 늘 대안을 준비하는 자세가 필요하다.

해결책을 제시하고, 이익과 혜택을 강조하려면 먼저 상대가 얻을 수 있는 구체적인 이익을 강조하는 것이 설득하는 데 유리하다. 특히 상대로 하여금 그 이익을 머릿속으로 그려 볼 수 있게 한다면 설득 효과를 높일 수 있다. 상대가 스스로 해결책을 찾도록 유도하면 실행력을 끌어올릴 수 있다. 사람들은 누군가의 지시를 받고 실행하는 것보다 자신이 결정했을 때 더 많은 동기부여가 되기 때문이다.

설득을 위한 또 다른 방법은 당신의 제안을 거절했을 때의 손해와 실행했을 때의 이익을 증거로 제시하는 것이다. 이처럼 손해와 이익을 강조하거나 증거를 제시할 때 효과를 높이는 방법으로 감성을 자극하는 이야기가 있다. 사람들은 논리적인 사실보다는 감성적인 이야기에 마음이 흔들리기 때문이다. 이제 이야기에 대해 알아보자.

5장 이야기하라

5장 · 이야기하라

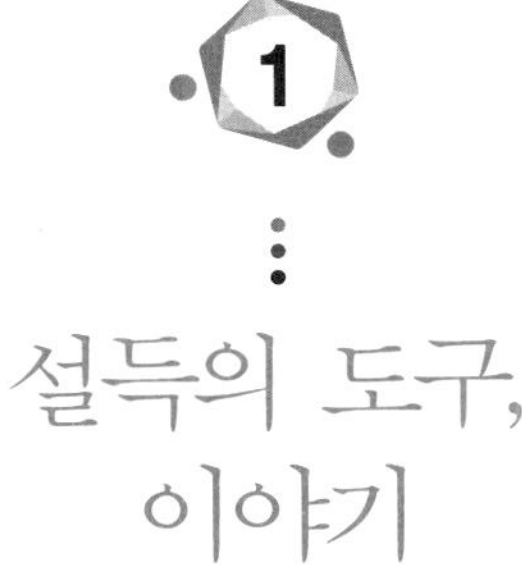

설득의 도구, 이야기

초등학교 1학년 때부터 고등학교를 졸업할 때까지 매주 1회씩 하는 조회 시간마다 교장 선생님의 훈화를 들었다. 교장 선생님께서는 학생들을 위해 좋은 말씀을 준비하셨을 것이다. 그러나 지금 기억나는 것은 하나도 없다. 뿐만 아니라 교장 선생님의 말씀을 들은 후 행동을 고쳐먹겠다고 결심하거나 삶의 지혜를 얻은 기억도 없다. 그저 빨리 끝나기만을 기다렸다. 이처럼 아무리 좋은 내용이라도 그것이 반드시 기억되거나 행동의 변화를 이끄는 것은 아니다.

필자는 매주 교회에 가서 설교를 듣는다. 설교도 얼마나 좋은 말씀인가. 그런데도 어떤 설교는 무슨 말을 했는지조차 기억나지 않을 때가 있다. 이처럼 제아무리 좋은 말이라도 청중으로 하여금 흥미를 끌지 못하면 영향력을 발휘할 수 없다. 그런 이야기들은 듣는 이에게서 호기심이나 흥미를 불러일으킬 수 없다.

과거 공지영이 쓴 소설을 원작으로 만든 영화 〈도가니〉는 우리 사회에 큰 충격을 던져주었다. 광주 인화학교에서 있었던 실화를 바탕으로 한 소설과 영화는 이야기의 힘이 얼마나 대단한지 여실히 보여주었다. 형식적이고 추상적인 말은 사람들의 공감을 이끌어내기 어렵지만, 흥미로운 이야기는 공감을 불러일으킨다. 그리고 공감은 행동을 이끌어낸다. 좋은 이야기, 감동적인 이야기는 사람들에게 영향력을 끼친다. 이러한 '영향력 행사'는 자연스럽게 일어나는 설득으로, 사람들을 변화하게끔 만든다.

사람들은 이야기를 들으면서 머릿속으로 상상을 한다. 고난과 역경을 이기고 성공한 사람들의 이야기는 많은 이들에게 자연스럽게 희망과 도전할 수 있는 용기를 준다. 억지로 떠밀고 윽박지르고 야단친다고 해서 이런 희망과 용기가 생기겠는가. 이야기라 가능한 것이다.

그래서일까? 역사적으로 가장 영향력을 많이 행사한 위인들은 모두 뛰어난 이야기꾼이었다. 예수는 비유를 통해 대중을 설득하고자 했다.

> 천국은 마치 밭에 감춘 보화와 같으니 사람이 이를 발견한 후 숨겨 두고 기뻐하여 돌아가서 자기의 소유를 다 팔아 그 밭을 샀느니라. 또 천국은 마치 좋은 진주를 구하는 장사와 같으니 극히 값진 진주 하나를 만나매 가서 자기의 소유를 다 팔아 그 진주를 샀느니라. 또 천국은 마치 바다에 치고 각종 물

고기를 모는 그물과 같으니 그물에 가득하매 물가로 끌어내고 앉아서 좋은 것은 그릇에 담고 못된 것은 내어 버리느니라. 세상 끝에도 이러하리라. 천사들이 와서 의인 중에서 악인을 갈라내어 풀무불에 던져 넣으리니 거기서 울며 이를 갊이 있으리라.

예수는 사람들에게 자신의 주장을 일방적으로 강요하지 않고 이야기를 통해 상대를 원하는 방향으로 이끌었다. 고대부터 이야기는 개념이나 사물을 설명하는 아주 중요한 수단이었다. 건국신화나 탄생신화 역시 대중을 원하는 방향으로 이끌기 위한 방편으로 만들어졌다.

그렇다면 인간은 언제부터 이야기를 했을까? 영국 옥스퍼드 대학교의 앤서니 모나코Anthony Monaco 교수를 비롯한 연구진들은 인간이 다른 포유류와 달리 언어와 이야기를 구성할 수 있는 것은 FOXP2 유전자 배열 덕분이라는 실험 결과를 발표했다. 이들의 연구에 따르면, FOXP2의 변이는 12~20만 년 전에 처음 일어났으며, 현재 인간이 가진 형태의 유전자 변형은 진화 과정 후기인 1~2만 년 전500~1,000세대에 완성되어 빠른 속도로 전파됐다고 한다. 침팬지나 쥐도 이 유전자를 가지고 있으나, 오직 인간만이 언어를 구사할 수 있는 것은 이 유전자의 일부가 변형됐기 때문이라는 것이다. 이 말은 곧 인간의 유전자에는 본능적으로 이야기할 수 있는 능력이 존재한다는 것이다.

제롬 브루너Jerome Bruner의 연구도 이를 뒷받침하고 있다. 그는 아이들이 말을 배우기 전부터 이야기를 통해 소통한다는 사실을 밝혀냈다. 그에 반해 인류가 글을 사용하기 시작한 것은 인류 역사에서 아주 최근의 일이다. 글이 없던 시절에도 인류는 후세에게 지식이나 지혜를 전승할 필요를 느꼈을 것이다. 그때 기억하기 쉬운 방법이 필요했을 테고, 이야기는 기억하기 쉬운 수단이었을 것이다. 사람들은 이야기를 들으며 생존을 위한 지혜와 지식을 획득했다. 아주 오래전에는 이야기만이 정보를 얻는 유일한 수단이었던 것이다.

이 책은 지금까지 설득 방법에 대해 이야기해 왔다. 상대를 설득하려면 그 사람의 상황과 문제 그리고 욕구를 파악하여 그의 마음을 자신이 원하는 방향으로 돌려놓아야 한다. 상대를 파악하고 이익이나 손해를 강조하여 해결책을 제시하는 방법은 논리적인 전개가 필수다.

문제는 논리만 가지고는 사람의 마음을 움직일 수 없다는 것이다. 여기에 덧붙여 상대에게 '감동'을 주어야 한다. 물론 감동만 있다고 되는 것도 아니다. 비논리적이거나 비상식적인 상황에서 감동을 제공한다면 이것은 전형적인 사기꾼의 방법이 될 수 있다. 논리와 상식에 맞고 정확한 증거에 기반한 감동을 제공할 때 완고한 상대방의 생각과 마음은 조금씩 움직인다. 이를 위한 가장 효과적인 방법이 바로 이야기다.

김탁환이 자신의 저서 『김탁환의 쉐이크』에서 주장한 내용을 보자.

> 이야기는 이야기를 즐기는 이들에게 어떤 느낌을 주고, 마음을 움직이도록 만듭니다. 그 움직임은 처음에는 머릿속으로 행동과 감정을 흉내 내게 되고 더 나아가 현실에서 그 흉내가 이어지기도 합니다.
>
> (중략)

그러므로 이야기에서 '움직인다動'는 것은 'MOVE'나 'CHANGE'라기보다는 'SHAKE'가 아닐까 합니다. 기존에 자신이 해왔던 것과는 조금 다른 감정과 행동의 흔들림! 물론 그 흔들림이 적극적인 실천이나 변신, 파괴 등으로 나아갈 수도 있지만, 이야기를 거기까지 미리 예정하고 만들 수는 없습니다. 영혼을 흔드는 이야기를 만드는 것이 중요합니다. 흔들린 영혼이 어떤 곳을 향해 어떻게 나아가는가는 또 다른 방법으로 논의해야 한다는 것이 제 입장입니다.

(중략)

이야기는 반성의 시간을 갖도록 만드는 촉매제와도 같습니다. 이야기를 접하지 않았다면 지루한 일상에 갇혀 지냈을 한 인간이, 이야기 속에서 주인공처럼 행동하고, 또 주인공과 함께 울고 웃은 뒤에는 어떤 일이 벌어질까요? 처음에는 왜 이런 행동과 감정을 일상에서 잊고 살았을까 하고 깨닫게 될 것이고, 그다음에는 이런 행동과 감정을 언제부터 놓치게 되었는지, 또 과연 이런 것들을 미래에도 계속 지니는 것이 좋을지 고민하겠지요.

그러므로 사람들을 설득하고자 한다면 상대방의 마음을 흔들어 놓을 효과적인 이야기를 찾아야 한다.

나무 계단과 나무로 만든 부처가 있었다. 사람들은 나무 계단을 밟고 올라가 나무부처에게 정성스럽게 절을 했다. 어느 날 나무 계단이 나무부처에게 신세 한탄을 했다.

"우리는 출신이 다 같이 나무인데 어째서 사람들이 나는 계속 밟고 올라가고, 당신에게는 계속 절을 합니까? 대접의 차이가 너무 심하지 않습니까?"

그러자 나무부처가 말했다.

"내가 이 자리에 오기까지 칼을 얼마나 많이 맞았는지 알기나 합니까? 당신은 칼로 모서리 네 군데밖에 맞지 않았잖소?"

이 이야기는 고난과 역경을 견디고 이겨 냈을 때만이 달콤한 성공을 맛볼 수 있다는 사실을 강조하고 싶을 때 비유로 들 수 있다. 무턱대고 "우리는 성공적인 미래를 위해 어려움과 고난을 극복해야 합니다."라고 말하는 것보다 이러한 비유가 훨씬 설득력이 있지 않을까?

이렇게 사람들을 감동시켜 그들의 행동 변화를 가져오는 이야기에는 세 가지 특징이 있다. 감동과 교훈과 재미다. 이 세 가지 가운데 하나만 빠져도 이야기로서 효과가 떨어진다. 즉, 다른 사람을 설득하는 데 도움이 되지 않는다. 아무리 교훈적인 이야기라도 재미가 없으면 이야기로서 제 역할을 할 수 없다.

그렇다면 과연 어떤 이야기가 감동적이고 교훈적이며 재미있는 것일까? 첫째는 적합성, 즉 이야기가 상대에게 맞아야 한다. 당신의 이야기를 듣고 변화하기를 원하는 상대가 어떤 사람이고, 어떤 욕구가 있는지, 취향은 어떠한지를 알아야 그에 적합한 이야기를 선택할 수 있다. 그다음은 이야기 구성이다. 이야기 구성은 재미있는데 감동이 없다거나, 교훈적이기는 한데 재미가 없다거나, 재미있고 감동적이기는 한데 거기서 삶의 지혜를 얻을 수 없다면 이야기로서 생명력을 지속하기가 어렵다. 감동적이고 교훈적이며 재미있는 이야기는 사람들의 입에서 입을 타고 산불처럼 번진다. 사람들은 이런 이야기를 좋아하기 때문이다.

다음에 나오는 이야기라면 이 세 가지를 모두 충족할 수 있다.

- 역경과 고난을 극복한 이야기
- 꿈과 희망을 주는 이야기
- 도전과 용기를 북돋워 주는 이야기
- 삶의 지혜를 얻을 수 있는 이야기
- 깨달음을 주는 이야기
- 마음을 훈훈하게 하는 이야기
- 감동을 주는 이야기

이러한 내용을 담고 있는 이야기는 사람들을 설득하는 데 꽤 쓸모가 있다. 그런데 이 일곱 가지가 저마다 따로따로라고 볼 수는 없다. 한 이야기 속에 몇 가지 요소를 포함하고 있을 가능성이 높다. 역경이나 고난을 극복한 이야기는 감동을 주고, 지혜도 얻을 수 있다. 감동을 주는 이야기 중에는 고난을 극복한 이야기가 많고, 이러한 이야기 속에서는 삶의 지혜를 얻을 수 있다.

이야기를 하려는 사람이 특별히 유념해야 할 점은 그 이야기가 상대에게 적합한가, 그렇지 않은가를 판단하는 것이다. 아무리 좋은 이야기라도 상대에게 적합하지 않다면 그 역할을 제대로 할 수 없기 때문이다. 결국 우리가 해야 할 일은 설득하고자 하는 사람에게 적합한 이야기를 발견하여 활용하는 것이다.

물론 작가들은 감동적이고 교훈적이며 재미있는 이야기를 직접 창조해 낼 수도 있다. 이솝이 이솝 이야기를 창작했듯 말이다. 그러나 보통 사람들이 이야기를 창작하기란 쉽지 않다. 하지만 좋은 이야기를 수집하는 것은 가능하다. 그렇다면 평범한 우리들은 이야기를 어떻게 발견하고, 수집할 수 있을까? 다음에 몇 가지 방법을 나열해 보겠다.

· **구전되는 이야기 :** 신화, 전설, 동화

· **역사 자료 :** 역사적 사건, 위인 이야기

· **책, 신문, 잡지, 뉴스 등에 나오는 이야기 :** 성공 사례, 이색적인 이야기, 미담

· **다른 사람에게 들은 이야기 :** 설교나 강의 내용, 친구나 지인, 어른들에게 들은 이야기

· **자신의 체험 사례 :** 성공담, 고난을 겪은 이야기, 흥미로운 경험

· **장소와 사물에 얽힌 이야기 :** 동물, 지역, 장소, 물건, 자연물에 전해오는 이야기

· **창의적인 이야기 :** 새로운 이야기를 창조하기, 자신의 경험을 확대하기

당신은 무슨 일을 하든 간에 사람들을 설득할 일이 많을 것이다. 그때를 대비하여 적극적으로 이야기를 수집할 필요가 있다. 이야기를 창작할 만한 수준이 아니라면 기존 이야기를 살짝 각색할 수는 있을 것이다. 이제 이야기를 찾아 여행을 떠나 보자.

1_ 구전되는 이야기

구전되는 이야기에는 유난히 비유적인 이야기가 많다. 다음은 범저응후가 진秦나라 소왕에게 왕권 강화를 위해 설득한 내용이다. 범저가 어떻게 진나라에 등용되었는지는 앞에서 이미 언급했다. 당시 진 소왕은 어머니 태후와 외삼촌 양후 등에 의해 왕권을 제대로 행사하지 못하는 처지였다. 범저는 왕권 강화를 위해 외척을 몰아내야 한다고 다음과 같이 줄기차게 주장한다.

대왕께서는 항사의 신목神木에 대하여 들어 보신 적이 있습니까? 항사라는 곳에 아주 완고하고 날래며 못된 소년이 하나 있었습니다. 그 소년이 그 신목과 도박을 걸어 신목에게 "내가 이기면 너 신목은 나에게 신통력을 3일간 빌려 주고, 내가 지면 너 신목이 나를 꼼짝 못하게 묶어도 좋다."라고 약속하였지요. 그리고 왼손은 신목이라 하고, 오른손은 자기라 하여 패를 던져 겨루어 끝내 소년이 신목을 이기고 말았습니다.

신목이 약속대로 그에게 3일간 신통력을 빌려주었습니다. 3일이 지나자 신목이 소년에게 찾아가 신통력을 되돌려 달라고 하였지만 소년은 거부하고 말았습니다. 이에 닷새가 지나자 그 신목은 시들기 시작하였고, 이레가 지나자 그만 말라 죽고 말았다는 이야기입니다.

지금 이 진나라는 바로 대왕의 신목이며, 임금의 권세는 바로 그 신목의 신통력과 같습니다. 그런데 그 신통력을 남에게 빌려주고 계시니 대왕이 위험하지 않겠습니까?

저는 아직껏 손가락이 팔뚝보다 크고, 팔뚝이 넓적다리보다 큰 사람이 있다는 이야기를 듣지 못하였습니다. 만약 그런 사람이 있다면 그 사람은 대단히 심한 병에 걸린 것이지요. 또 백 명이 표주박 하나를 함께 들고 뛰는 것은 혼자서 표주박을 들고 뛰는 것보다 빠르지 못할 것입니다. 백 명이 정말 그 표주박을 함께 쥐고 뛰어야 한다면 그 표주박은 반드시 깨지고 말 것입니다.

–『전국책』

이렇게 비유는 다른 사람을 설득하는 데 유용하다. 옛 성현들은 비유를 들어 설명을 많이 했다. 그것은 대중을 이해시키는 좋은 방법이었다. 비유의 중요성을 명확하게 이야기한 내용이 한나라 때 유향이 지은 『설원』이라는 책에 다음과 같이 나온다.

어떤 신하가 양왕에게 이렇게 일러 주었다.

"혜자는 어떤 사건을 설명하면서 비유를 잘 듭니다. 만약 왕께서 그에게 비유법을 쓰지 말라고 하면 그는 말을 하지 못할 것입니다."

왕은 이에 "알았다." 하고 다음 날 혜자를 만났다.

"원컨대 선생께서는 직접적으로 말하시고 비유를 들지 말아주십시오!"

그러자 혜자가 물었다.

"지금 여기에 탄彈, 중국의 악기 이름이 무엇인지 모르는 자가 있다고 합시다. 그가 '탄이 어떻게 생긴 물건입니까?' 하고 물어왔을 때 '탄의 모양은 탄처럼 생겼습니다.' 하고 대답한다면 그가 알아듣겠습니까?"

왕이 "못 알아듣지요." 하고 대답하자, 혜자가 말을 계속하였다.

"그러면 '탄의 모양은 활 같고 대나무로 현을 만들었다' 고 설명하면 알아듣겠습니까?"

"그러면 알아듣지요!"

이에 혜자는 이렇게 설명하였다.

"무릇 설명이란 상대가 이미 알고 있는 것을 이용해서 모르는 바를 깨우쳐 주어야 합니다. 그래야 그 사람이 알아듣습니다. 그런데 지금 왕께서 비유를 들지 말고 말하라고 하시니, 이는 불가능한 일입니다."

이에 왕이 "옳다." 하였다.

또다른 이야기를 하나 보자.

한나라와 위나라가 서로 싸움을 벌인 지 일 년이 지나도록 결판이 나지 않았다. 진나라 혜왕은 이들이 화해하도록 하는 것이 국익에 유리한지, 그냥 놔두는 것이 유리한지 판단할 수 없어 결정을 내리지 못하고 있다가 진진에게 물었다.

진진이 말하였다.

"변장자라는 자가 호랑이를 찔러 죽이려고 하자 객주 집에서 허드렛일을 하는 어린 녀석이 말리면서 '호랑이 두 마리가 방금 소를 잡아먹으려 합니다. 맛있는 먹이로 여겨 두 놈은 틀림없이 서로 다툴 것이며, 다투면 틀림없이 싸울 것입니다. 싸우면 큰 놈은 상처를 입고 작은 놈은 죽을 것입니다. 그때 달려들어 찌르면 단번에 호랑이 두 마리를 잡았다는 칭찬을 듣게 될 것입니다.' 라고 말했습니다. 변장자는 그 말이 옳다고 여겨 호랑이를 기다렸습니다. 얼마 뒤

과연 두 호랑이기 싸움을 하였고, 큰 놈은 상처를 입었으며 작은 놈은 죽었습니다. 변장자는 상처 입은 호랑이가 쇠약해진 기회를 틈타 찔러 죽이고 단번에 호랑이 두 마리를 잡은 장사로 이름을 얻었다고 합니다. 이제 한나라와 위나라가 서로 싸움을 시작한 지 일 년이 지나도록 해결이 나지 않았다면, 틀림없이 큰 나라는 상처를 입었을 것이며 작은 나라는 망할 것입니다. 상처 입은 나라를 상대로 달려들어 치면 반드시 한꺼번에 두 나라를 얻는 공을 세울 수 있습니다. 이것은 마치 변장자가 호랑이를 찌르는 일과 비슷한 것입니다."

진나라 왕은 결국 화해를 주선하지 않았다. 과연 큰 나라는 상처를 입고, 작은 나라는 망하였다. 진나라는 출병하여 이를 쳐서 크게 이겼다.

이처럼 비유를 들어 하는 이야기가 상대의 행동을 이끄는 이유는 자기 결정의 원칙과 통한다. 직설적인 지적이나 제안은 상대의 기분을 상하게 할 수 있다. 그러나 같은 의미의 이야기일지라도 비유는 에둘러 말하는 것이므로 한결 여유가 있다. 상대방은 비유를 듣고 깨달아 스스로 판단하고 결정하니 행동으로 옮길 가능성이 높다.

구전되는 이야기를 마케팅에 활용한 사례도 있다.

한 선비가 길을 가던 중 청년이 노인을 때리고 있는 것을 보고 "어찌 노인을 때리는가?" 라고 꾸짖자 청년이 "이 아이는 내가 여든 살에 본 자식인데, 그 술을 먹지 않아 나보다 먼저 늙었소." 라고 말하여, 선비가 청년에게 절하고 그 술의 이름을 물은즉, "구기자와 여러 약초가 들어가 구기 백세주" 라 하였다.

국순당은 이 이야기를 식당에 붙여 놓도록 유도하여 백세주를 널리 알리는 데 활용하였다. 시인들의 시에도 비유가 많다. 직설적이고 노골적으로 하는 말보다 비유로써 표현하니 무릎을 '탁' 치게 하는 통찰력이 있다.

시커먼 홍합들이
입을 꼭 다물고
잔뜩 모여 있을 땐
어떤 것이 썩은 것인지
알 수 없다

팔팔 끓는 물에
팔팔 끓인다

다들 시원하게 속을 보여주는데
끝까지
입 다물고
열지 않는 것들이 있다

간신히 열어보면
구린내를 풍기며 썩어 있다

— 〈범인〉, 신미균

이 시에서 시인은 범인을 썩은 홍합에 비유하고 있다. 입을 꾹 다물고 있는 범인들. "기억나지 않는다.", "나는 모르는 일이다."와 같이 모르쇠로 일관하는 범인들을 썩은 홍합에 비유하니 그 의미가 더욱 쉽게 다가온다. 이것이 비유의 힘이다.

아리스토텔레스도 비유를 좋은 설득 수단으로 인정했다. 그가 쓴 『레토릭』에 나오는 비유를 하나 살펴보자.

아이소포스는 사모스에서 어느 민중 지도자가 살인죄로 문초를 당할 때, 그것을 변호하는 변론 중에 다음과 같이 말했다.

"한 마리 여우가 내를 건너가려고 할 때 물살로 인해 밀려나 벼랑의 갈라진 틈에 꼭 끼었습니다. 여우는 여기서 빠져나갈 수 없었는데 많은 진드기를 만나 상당 시간 혼이 났습니다. 그 주위를 맴돌던 고슴도치 한 마리가 여우를 보고 그 모습에 동정을 느껴 '진드기를 잡아 줄까?' 하고 물었습니다. 그러나 여우가 그것을 거절하자 왜냐고 물어보니, '이 진드기 떼가 이미 내 피를 빨아 배가 잔뜩 불렀으니 더 이상 피를 빨 일은 없을 것이다. 그러나 만약 이것들을 제거해 버리면 배 속이 빈 다른 진드기 떼가 몰려와 내게서 피를 모두 빨아 버릴 것이기 때문이다.' 라고 대답했습니다. 좋습니까, 사모스 여러분?"

아이소포스는 계속했다.

"여러분의 경우도 이 경우와 마찬가지입니다. 이 남자는 지금 부자이기 때문에 여러분에게 해를 끼칠 일은 없을 것입니다. 그러나 만약 이 남자를 죽인다면 다른 가난한 패들이 몰려와 나머지 돈을 훔쳐 여러분을 빈털터리로 만들어 버릴 것입니다."

신화, 전설, 동화와 같이 구전되는 이야기는 많은 사람들이 알고 있는 내용이라 공감을 이끌어내기가 한결 수월하다. 당신이 주장하려는 내용과 잘 연결한다면 설득을 위한 좋은 도구가 될 수 있다.

2_ 역사 자료

역사 속 영웅들이 숱한 역경과 고난을 극복하여 꿈과 희망을 이루는 이야기는 그것을 듣는 사람에게 도전과 용기는 물론이거니와 삶의 지혜와 깨달음을 주기도 한다.

『사기』의 〈유후세가〉 편은 장자방으로 잘 알려진 장량張良에 관한 이야기다. 장량은 진나라가 망하고, 한나라와 초나라가 중원을 차지하기 위해 자웅을 겨룰 때 한고조 유방의 책사가 되어 수많은 공을 세운 인물이다. 사마천은 〈유후세가〉 편을 재미있는 이야기로 시작하며 독자의 흥미를 끌고 있다. 마치 무협지의 한 대목을 읽는 느낌이다. 그렇다고 그냥 재미로만 끝나는 이야기가 아니다. 감정의 절제와 겸손의 미덕을 깨달을 수 있는 교훈을 준다.

장량이 일찍이 한가한 틈을 타서 하비의 다리 위를 천천히 걸어가는데, 한 노인이 거친 삼베옷을 걸치고 장량이 있는 곳으로 다가와 곧장 자기 신발을 다리 밑으로 떨어뜨리고는 장량을 돌아보며 말했다.

"젊은이, 내려가서 신발을 주워 오너라!"

장량은 무척 의아했으나 나이가 많은 사람이라 억지로 참고 아래로 내려가서 신발을 가져왔다.

그러자 노인이 말했다.

"나한테 신기거라!"

장량은 이미 노인을 위해서 신을 주워 왔으므로 꿇어앉아 노인에게 신을 신겨 주었다. 노인은 발을 뻗어 신을 신기게 하고는 웃으면서 가 버렸다. 장량은 매우 크게 놀라서 노인이 가는 곳을 바라다보았다.

노인은 일 리쯤 가다가 다시 돌아와서 말했다.

"젊은이가 가르칠 만하군! 닷새 뒤 새벽에 나와 여기서 만나자꾸나."

장량은 더욱 괴이하게 여기며 꿇어앉아 말했다.

"알겠습니다."

닷새째 새벽에 장량이 그곳으로 가 보니 노인은 미리 와 있다가 노여워하며 말했다.

"늙은이와 약속을 하고서 늦게 오다니 어찌 된 일이냐?"

그는 몹시 화를 내며 되돌아가다가 말했다.

"닷새 뒤에 좀 일찍 만나자꾸나."

닷새 뒤 닭이 울 때 장량은 다시 그곳으로 갔다. 노인은 먼저 와 있다가 다시 노여워하며 말했다.

"또 늦다니! 어찌 된 일이냐?"

노인은 다시 그곳을 떠나가다가 말했다.

"닷새 뒤에 좀 더 일찍 오너라."

다시 닷새 뒤 장량은 밤이 반도 지나지 않아서 그곳으로 갔다. 얼마 있다가 노인이 오더니 기뻐하며 말했다.

"마땅히 이렇게 해야지."

노인은 엮은 책 한 권을 내놓으며 말했다.

"이 책을 읽으면 왕 노릇을 하려는 자의 스승이 될 수 있을 것이다. 십 년 후에 그 효과를 보게 될 것이다. 13년 뒤에 젊은이는 제북濟北에서 다시 나를 만날 수 있을 텐데, 곡성산穀城山 아래의 누런 돌이 나다."

그러고는 결국 떠나니, 다른 말도 없었고 다시는 만날 수도 없었다. 날이 밝아 그 책을 보았더니 『태공병법太公兵法』이었다. 이에 장량은 그 책을 기이하게 여겨 늘 읽고 익히며 외웠다.

위나라의 안희왕은 진나라가 호시탐탐 위나라를 노리고 있는데도 초나라만을 믿고 대책을 세우지 않고 있었다. 『전국책』에는 이웃 나라를 지나치게 믿고 방심하다가 낭패를 본 역사적 사례를 증거로 제시하며 안희왕을 설득하는 장면이 나온다. 당연히 유세가나 신하 중 한명이 설득했을 것이나, 이 글이 실린 『전국책』에는 화자가 누락되어 있다.

옛날 조曹나라는 제齊나라를 믿고 진晉나라를 깔보다가 제나라가 마침 이釐·거莒를 치느라고 정신없을 때, 진나라는 이에 조나라를 멸하였습니다. 증繒나라는 제나라를 믿고 월越나라에 횡포를 부리다가 제나라 내에 전화田和의 난이 일어나자, 월나라는 증나라를 멸하였습니다. 정鄭나라는 위魏나라의 힘을 믿고 한韓나라를 깔보다가 위나라가 유관楡關을 칠 때, 한나라가 이를 멸하고 말았습니다. 또 원原나라는 진秦나라와 적翟을 믿고 진晉나라를 얕잡아 보다가 진 · 적 두 나라에 기황饑荒이 들자, 이 틈에 진晉나라는 이를 멸하고 말았습니다. 그런가 하면 중산中山은 제 · 위 두 나라를 믿고 조趙나라를 가볍게 보다가 제 · 위가 초나라를 치는 틈에 조나라가 중산을 쳐서 없애 버리고 말았습니다.

이 다섯 나라가 멸망한 까닭은 오히려 뭔가 믿는 데가 있었기 때문이었습니다. 유독 이 다섯 나라만 그러한 것이 아니고, 천하에 망한 나라는 모두 이러한 이유 때문입니다. 무릇 나라를 다스리며 믿지 못할 것은 너무나 많습니다.

(중략)

저는 이로써 나라라고 하는 것은 다른 아무것도 믿어서는 안 된다고 생각하는 것입니다. 왕께서는 지금 초나라의 강함과 춘신군春申君의 말이라면 다 믿고 있습니다. 이로써 진秦나라의 과녁이 되고 있으면서도, 오랫동안 이를 알아차리지 못하고 있습니다. 다시 말해, 춘신군에게 무슨 변고가 생기면 왕은 곧 홀로 진나라의 화를 받아야 합니다. 대왕은 만승의 대국을 다스리면서 단 한 사람에게 운명을 맡기고 있으니, 제가 보기에 그 계책이 너무 불완전한 것 같습니다. 대왕께서는 이를 잘 헤아려 주시기 바랍니다.

— 『전국책』

이는 역사적 사례를 증거로 제시하며 상대를 설득하는 내용이다. 역사적 사실만큼 믿을 만하고 확실한 증거는 없다. 특히 역사 속 위인들의 행동이나 말은 사람들을 설득하는 강력한 힘이 있다. 사람들은 훌륭한 위인들의 이야기를 듣고 자신의 문제를 자각하고, 스스로 문제를 개선한다. 이것은 순전히 자발적인 것이지, 강요가 아니다. 영웅이나 위인들의 이야기, 역사적 사건은 어떻게 적용하느냐가 중요하다. 무엇이든 보는 시각에 따라 달리 해석할 수 있기 때문이다.

3_ 책, 신문, 잡지, 뉴스 등에 나오는 이야기

책이나 신문, 잡지, 뉴스 등에서 읽거나 들은 이야기를 인용하는 것도 좋은 설득 방법이다. 필자는 동기부여에 관한 강의를 할 때면 항상 '구피 이야기'로 시작한다.

요즘 가정에서 많이 기르는 관상어 중에 '구피'라는 물고기가 있습니다. 다 자라도 어른 손가락 크기를 넘지 못하는 이 작은 물고기가 생존과 번식을 위해서 변화하는 모습을 보면 참으로 느끼는 게 많습니다. 팀 하포드 Tim Harford가 쓴 『어댑트 Adapt』라는 책에는 존 엔들러 John Endler라는 진화학자가 구피를 연구한 사례가 나와 있는데 여러분께 소개하겠습니다.

존 엔들러는 1970년대에 열대어인 구피를 처음 연구하면서 흥미로운 패턴을 발견합니다. 폭포 아래 웅덩이에 사는 구피들은 색이 단조로운 반면, 상류 웅덩이에 사는 구피들의 색은 매우 화려했습니다. 엔들러는 그 원인을 다음과 같이 가정합니다. 구피는 폭포를 거슬러 상류로 헤엄쳐 갈 수 있지만, 구피를 잡아먹는 파이크 시클리드는 하류에서만 산다. 하류에 사는 구피는 위험한 환경 속에서 몸을 위장할 수 있도록 단조로운 몸 색깔로 변한 것이다. 반면 상류에 사는 구피는 폭포 덕분에 파이크 시클리드의 위협이 없는 안전한 낙원에서 살았고, 따라서 이성의 관심을 끄는 데 효과적인 화려한 색깔을 띠게 된 것이라고 말이죠.

엔들러는 좀 더 통제된 환경에서 이 가설을 실험해 보기로 하고 넓은 온실 안에 연못 10개를 만듭니다. 어떤 연못에는 바닥에 조약돌을 깔고, 또 어떤 연못에는 더 고운 모래를 깔았습니다. 그리고 몇 개의 연못에는 위험한 파이크 시클리드를 풀어 넣고, 나머지 연못에는 그보다 순한 포식자를 집어넣거나 아예 포식자를 집어넣지 않았습니다. 14개월 후 10세대가 지나면서 구피들이 환경에 적응하기 시작합니다. 위험한 연못에서는 가장 지루한 색깔을 띠는 구피들만이 살아남아 번식을 하는데, 놀랄 만한 사실은 조약돌을 채운 연못에서는 큼직큼직한 무늬의 구피가, 고운 모래를 깐 연못에서는 자잘한 무늬를 가진 구피가 나옵니다. 이보다 안전한 연못에서는 화려한 점박이 구피들이 새끼를 더 많이 낫습니다.

자, 여러분은 어떻습니까? 여러분은 구피보다 나은 존재입니까? 아니면 못한 존재입니까? 환경은 점점 안 좋아지고, 경기 침체로 다들 힘들기만 하고, 경쟁 상대는 점점 늘어나고 있습니다. 이럴 때 그냥 주저앉아 버린다면 구피만도 못한 인생이 되는 것이죠. 어려울 때 변화할 수 있는 사람만이 생존과 번영을 누릴 수가 있습니다. 구피보다 나은 삶을 살려면 지금부터라도 변화해야 합니다.

이렇게 강의를 시작하면 다들 초롱초롱한 눈으로 필자의 얼굴을 쳐다본다. 그들을 설득하는 일은 이미 절반은 성공한 것이나 마찬가지다. 책을 읽으며 그때그때 좋은 내용을 메모해 놓으면 필요할 때 유용하게 활용할 수 있다.

베이징대학교 부설 〈디테일경영연구소〉의 왕중추 소장이 쓴 『작지만 강력한 디테일의 힘』이라는 책에는 전 중국 총리인 저우언라이周恩來의 다음과 같은 일화가 실려 있다.

한번은 베이징호텔에서 외빈 초청 만찬이 있었다. 저우언라이는 외국 손님과 만찬이 있으면 만찬에 앞서 자주 주방을 찾았다고 한다. 준비 상황을 점검하는 것 말고 다른 이유가 있었던 것이다.

그의 첫마디는 "어이 주방장, 국수 한 그릇 말아 주게."였다. 주방에서 일하는 사람들은 이를 몹시 의아하게 생각했다.

'조금 있으면 정성껏 준비한 연회 음식을 드실 텐데 갑자기 웬 국수를 달라고 하실까?'

하루는 한 사람이 용기를 내어 물었다.

"총리 각하, 식전에 국수는 왜 찾으십니까?"

"귀한 손님을 불러 놓고 배가 고프면 어떡하나. 그러면 먹는 데만 급급하게 될 것 아닌가?"

자신은 먼저 국수로 간단하게 요기를 하고, 실제 연회에 나가서는 대충 먹는 시늉만 하면서 손님이 식사를 잘하는지 정성껏 챙기려는 마음이었던 것이다.

성공하려면 이렇게 작고 세심한 것에 마음을 써야 한다는 사실을 잘 알려주는 사례다. '고객을 정성껏 대우하라.', '비즈니스 상대를 세심하게 신경 써라.'는 말보다 이러한 이야기를 들려주면 상대가 지루하지 않게, 기억하기 좋게 원하는 메시지를 전달할 수 있다.

신문에 실린 다음과 같은 이야기들도 훌륭한 설득 자료로 활용할 수 있다.

1987년 여름이었다. 내 나이는 30대 중반, 당시 강릉의 약주 공장을 인수하고 약주인 '흑주'를 만들어 대규모 판매를 준비할 때였다. 당시 약주는 마시면 머리 아픈 술, 명절이나 제사 때 쓰고 버리거나, 생선을 조릴 때 비린내를 없애는 데 쓰는 술 정도로 인식되었다. 회사는 흑주를 소비자에게 알리고자 경포대에서 무료 시음회를 겸한 판매 행사를 했다. 형편이 넉넉하지는 않았다. 판매를 못하면 그달 직원들의 월급을 줄 수 없을 정도였다. 사정은 다급했고, 심정은 간절했다. 다행히 시음회는 성공적으로 진행되어 경포대로 휴가를 온 사람들이 술을 맛봤고, 조금씩 술이 팔리기도 했다.

그런데 직원 한 명이 사색이 되어 달려오더니 "큰일이 났다."고 말했다. 지역 상권을 장악하고 있는 '주먹'들이 시음회장을 부수고 난장판을 만들었다는 것이다. 자기들 허락 없이 행사를 한다는 이유에서였다. 그 순간 많은 고민을 했지만, 딱히 방법이 떠오르지 않았다. 똑같이 주먹으로 싸우다가는 정말 큰 사고가 날 것 같았고, 신고를 하자니 보복이 걱정됐다. 그렇다고 물러선다면 직원들의 월급을 줄 수가 없었다. 아버지 말씀 그대로 갈구해야만 하는 상황이었다.

영업용 트럭에 흑주 스무 상자를 싣고 건달 우두머리의 사무실을 혼자 찾아갔다. 나와 나이가 비슷해 보이는 우두머리 앞에 흑주를 내놓고 말했다.

"이 술은 정말 좋은 술입니다. 소비자에게 알려서 팔지 못하면 우리 회사는 망합니다. 이제 이 일을 시작하는데 여기서 시음회를 마칠 수 있도록 도와주십시오."

우두머리는 내 말을 듣더니 술을 한 병 따 가지고 와서는 나와 대작을 시작했다. 안주는 근처 구멍가게에서 사온 마른오징어와 과자였다. 오후 4시에 시작한 술자리는 끝날 줄을 몰랐다. 이런저런 이야기를 했지만 나중엔 무슨 이야기를 했는지 기억도 안 난다. 다음 날 오전 11시까지 마셨으니 말이다. 그것으로도 끝이 안 나 다시 옆 식당으로 자리를 옮겨 술을 마셨다. 얼핏 계산해 보니 알코올 도수 13%짜리 흑주를 30병 정도 마셨다. 그렇게 먹었다는 게 지금도 나는 믿기지 않는다. 내 인생에서 술을 가장 많이 마신 날이었다.

다음 날 다시 만난 우두머리는 "그렇게 술을 많이 마셨는데 뒤끝이 별로 없네요. 좋은 술이 맞는 것 같군요."라고 말했다. 그러고 나서 경포대에서 계속 판매를 할 수 있었다.

— 「조선일보」

책이나 신문에서 읽은 내용 혹은 뉴스에서 들은 내용은 다른 사람들도 이미 접해서 알 수도 있으므로 선택을 잘해야 한다. 물론 장점도 있다. 바로 후광효과가 그것이다. 사람들은 떠다니는 이야기보다 책이나 신문, 뉴스에 나온 이야기를 더 신뢰하는 경향이 있다. 따라서 평소에 자료를 꼼꼼하게 준비해 놓으면 필요할 때 요긴하게 사용할 수 있다.

4_ 다른 사람에게 들은 이야기

인터넷 강의 회사인 메가스터디의 김성오 사장이 수학 강사를 스카우트한 이야기를 오디오 CD로 들은 적이 있다.

김성오 사장은 인천에 있는 한 고등학교의 수학 교사가 잘 가르친다는 소문을 들었다. 김 사장이 그를 찾아갔다. 수학 교사는 현재 고등학교 3학년을 맡고 있으니 가더라도 이번 학년은 졸업을 시키고 가야 한다고 거절했다. 그 후로도 김 사장은 직접 찾아가고 전화하는 등 30여 번을 시도한 끝에 결국 그 선생님을 스카우트할 수 있었다.

여기서 김 사장은 진짜 좋은 사람이라면 '삼십고초려'라도 하라고 강조한다. 그는 삼국지에서 유비가 아들뻘 되는 제갈공명을 찾아간 이야기를 예로 들면서, 옛날에는 교통수단이 발달하지 않아 삼고초려도 많은 것이었지만 지금은 교통 · 통신 수단이 발달했으니 삼십고초려도 감행해야 한다고 주장한다. 이런 이야기는 '쉽게 포기하지 말라!'를 강조할 때 인용할 만하다.

배려에 대해 이야기할 때 빠지지 않는 단골 메뉴로 사자사돌이와 소우순이의 결혼 이야기가 있다.

사돌이와 우순이가 사랑을 했다. 주변에서는 반대했지만 진심으로 서로를 사랑한 둘은 결국 결혼을 했다. 첫날밤을 치르고 난 우순이는 사돌이에게 맛있는 아침상을 차려 주고 싶었다. 그래서 들판에 나가 맛있는 나물과 채소를 구해다가 아침 밥상을 맛있게 차렸다. 그러나 사돌이가 아침을 먹으려고 식탁에 앉았는데 먹을 게 하나도 없었다. 사돌이는 성질을 내고 나가 버렸다. 화가 좀 가라앉자 사돌이는 후회가 됐다. 그래서 저녁상은 자기가 차리기로 마음먹었다. 사돌이는 맛있는 고기들로 한 상 떡 벌어지게 차렸다. 그런데 이번에는 우순이가 자기가 먹을 수 있는 게 하나도 없다며 화를 냈다.

제아무리 열심히 배려해도 상대방이 만족하지 않으면 뭔가가 잘못된 것이다. 상대가 원하는 대로 맞춰주는 것이 진정한 배려이다.

5_ 자신의 체험 사례

설득을 잘하려면 재미있는 이야기꾼이 될 필요가 있다. 진심이 담긴 이야기만큼 설득력이 있는 것은 없다. 특히 자신이 직접 겪은 경험, 시련을 극복한 이야기 등은 사람들에게 감동을 주고 행동을 바꾸도록 설득하는 힘이 있다. 이야기에 감동한 사람은 변화를 위한 결심을 한다. 당신의 이야기가 다음의 여섯 가지 요소를 갖추고 있다면, 이미 당신은 상대를 완전히 자기편으로 끌어들이는 탁월한 이야기꾼이다. 다음은 아네트 시몬스Annette Simmons의 저서 『스토리텔링』에 나오는 내용이다.

· '나는 누구인가' 를 보여주는 이야기

· '나는 왜 여기 있는가' 를 보여주는 이야기

· '나의 비전은 무엇인가' 를 보여주는 이야기

· '감동적인 교훈' 을 담은 이야기

· '실천할 수 있는 가치' 를 담은 이야기

· '당신의 마음을 읽고 있다' 고 느끼게 해주는 이야기

아네트 시몬스의 이야기를 좀 더 들어 보자.

의미 있는 이야기를 한다는 것은 당신 말을 듣는 사람들이 당신이 내린 결론과 같은 결론에 이르도록 고무하고, 당신 말을 믿고 당신이 바라는 대로 행동하도록 격려하는 것이다. 일반적으로 사람들은 자신이 내린 결론을 타인이 내린 결론보다 훨씬 더 소중하게 여긴다. 이런 속성을 가진 사람들에게 당신이 내린 결론을 받아들이도록 하려면 어떻게 해야 할까? 제발 내 이야기를 믿어 달라고 떼를 쓸 것인가? 아니면 협박할 것인가? 가장 좋은 방법은 당신이 경험한 '진실한 이야기' 를 하는 것이다.

스티브 잡스Steve Jobs는 스탠퍼드 대학교 졸업식 연설에서 자신이 겪은 세 가지 이야기를 하며 학생들에게 "진정 자신이 원하는 일을 하라."고 권했다. 첫 번째 이야기는 인생의 전환점에 관한 것이었다. 현재 자신이 하는 일이 미래에 어떤 식으로 연결되어 인생의 전환점이 될지 알 수 없다는 것이었다. 두 번째는 사랑과 상실에 관한 이야

기였다. 그는 애플을 창업하고 해고당한 일이 시련을 가져다주었지만, 한편으로는 약이 되었다고 말하며 실망하거나 포기하지 말고 사랑하는 일을 하라고 말했다. 세 번째는 죽음에 관한 이야기였다. 스티브 잡스는 막상 암 진단을 받고 생각해 보니 죽음도 유용하다는 생각이 들었다며 삶은 유한한 것이니 낭비하지 말고 자신의 마음과 영감이 원하는 일을 하라고 강조했다.

스티브 잡스의 이 연설을 앞의 세 가지 사항에 초점을 맞추어 들어보자. 프랭크 런츠Frank Luntz가 쓴 『먹히는 말』에 번역해 놓은 것을 요약했다.

먼저, 인생의 전환점에 관한 이야기입니다. 전 리드칼리지에 입학한 지 6개월 만에 자퇴했습니다. 일 년 반 정도는 도강을 하다가, 나중에는 그마저 관뒀습니다.

(중략)

순전히 호기와 직감만을 믿고 저지른 일들이 후에 정말 값진 재산이 됐습니다. 예를 든다면 그 당시 리드칼리지는 아마 미국 최고의 서체 교육을 제공했던 것 같습니다. 학교 곳곳에 붙어 있는 포스터, 서랍에 붙어 있는 상표들은 매우 아름다웠고요. 어차피 자퇴한 상황이라, 정규 과목을 들을 필요가 없었기 때문에 저는 서체 수업을 들었습니다. 그때 무엇이 위대한 타이포그래피를 만드는지를 배웠습니다. 하지만 제 인생에 실질적인 도움이 될 것 같지는 않았습니다. 그러나 10년 후 첫 번째 매킨토시를 구상할 때, 그것들은 고스란히 빛을 발했습니다. 매킨토시에 그 기능을 모두 집어넣었으니까요. 아름다운

기를 가지는 것입니다. 이미 마음과 영감은 당신이 진짜로 무엇을 원하는지 알고 있습니다. 나머지 것들은 부차적인 것이죠.

졸업식장에 있던 대학생들이라면 잡스 이야기에 감동을 받고 삶과 죽음과 일에 대하여 다시 한 번 생각해 보는 계기가 되었을 것이다. 이렇게 스스로 시련을 극복한 이야기, 의미 있는 이야기, 진실한 이야기, 교훈적인 이야기는 사람의 마음과 행동을 움직이게 하는 힘이 있다.

다음은 어느 한정식 식당에서 필자가 직접 겪은 이야기다. 고객 관리나 고객 서비스에 관한 이야기를 할 때 유용하게 써먹을 수 있는 사례다.

아주 날씨 좋은 가을날이었다. 모임을 위해서 식당에 10명을 예약했다. 그러나 9명만 모였다. 식당에 들어갈 때 9명밖에 못 왔다고 말했어야 하는데, 다들 깜박했다. 당연히 식당 측에서는 예약에 맞춰 10인분의 음식을 내왔다. 10명이면 테이블 당 보통 4명, 3명, 3명씩 나눠 앉는다. 그러면 4명이 앉은 테이블에는 4인분이 나오고, 3명이 앉은 곳에는 3인분이 나온다. 우리는 자리를 잡고 식사를 시작했다. 그런데 왠걸? 식당측에서 뒤늦게 9명이라는 걸 알고 1인분을 걷어가는 게 아닌가. 물론 우리가 잘못했다. 9명만 왔다고 미리 말하지 않았으니까. 그래도 음식을 먹고 있는 도중에 1인분을 걷어 가니 기분도 상하고 어이가 없었다. 그냥 '이번에는 맛있게 드세요.' 라고 했다면 얼마나 좋았을까. 그 후로는 그 집을 다시 찾지 않는다.

고객들은 자신의 잘못이나 실수는 잘 기억하지 않는다. 그러나 섭섭하거나 기분 나쁜 것은 두고두고 기억하기 마련이다. 그리고 그 경험을 지인들에게 이야기한다. 자기가 잘못한 것은 쏙 빼놓고 말이다. 필자와 같은 경험을 한 사람들이 많았는지 얼마 가지 않아 그 식당은 문을 닫았다. 음식 맛은 괜찮았지만, 서비스가 형편없었으니 그리 된 셈이다.

6_ 장소와 사물에 얽힌 이야기

스코틀랜드의 유명한 독립 운동가이자, 장군이었던 로버트 브루스Robert Bruce는 영국과 벌인 독립전쟁를 승리로 이끌어 영국에서 독립하고, 자신은 왕위에 올라 로버트 1세가 되었다. 그러나 이후 에드워드 2세가 이끄는 영국군과 치른 전투에서 그만 밀리고 말았다. 그리하여 어쩔 수 없이 추격하는 적군을 피해 달아나다가 한 동굴을 발견하고 그 안으로 들어가 헐떡거리는 숨을 죽이며 공포와 불안 속에서 떨고 있었다.

그때 마침 어디선가 왕거미 한 마리가 나타났다. 거미는 집을 지으려고 했으나 바람이 강하게 불어서 거미줄을 원하는 곳에 연결하지 못했다. 그 광경을 계속 지켜보자니 거미는 여섯 번을 시도했지만 여섯 번 모두 실패하고 말았다. 로버트는 '너도 나와 마찬가지로 실패의 괴로움을 맛봐야 하는구나.'라며 안쓰럽게 생각했지만, 거미는

7_ 창의적인 이야기

『사씨남정기謝氏南征記』는 김만중金萬重, 1637~1692이 쓴 고전 소설이다. 이 작품은 숙종이 인현왕후仁顯王后를 폐출하고 장희빈張禧嬪을 중전으로 책봉하자, 이의 부당함을 알리고 숙종이 잘못을 깨닫도록 하기 위해 쓴 소설이다. 소설의 형식을 빌렸지만 결국 설득을 위해 창작한 이야기다. 줄거리는 대강 이렇다.

명나라 때 선비 유연수는 덕성과 재학才學을 겸비한 사씨와 혼인한다. 그러나 사씨는 결혼한 지 9년이 되어서도 아이를 낳지 못하였다. 이에 사씨는 남편에게 새 여자를 얻기를 권하였다. 여러 번 거절해도 자꾸 권하자 마지못해 교씨喬氏를 맞아들인다. 교씨는 아들을 출산하고는 자기가 정실부인이 되고자 문객 동청董清과 모의하여 사씨를 모함하기 시작한다. 유년수는 결국 사씨를 폐출하고 교씨를 정실로 맞이한다. 교씨의 간악은 이에 그치지 않고, 다시 문객 동청과 간통하면서 유연수의 전 재산을 탈취해 도망가서 살기로 약속한다. 그리고 유연수를 참소하여 유배를 보내는 데 성공한다.

유연수를 고발한 공으로 지방관이 된 동청은 교씨와 함께 백성들의 재물을 빼앗는 등 갖은 악행을 저지른다. 이에 조정에서는 유연수에 대한 혐의를 풀어 소환하고, 충신을 참소한 동청을 처형하기로 한다. 유배를 당한 유연수는 비로소 교씨와 동청의 간계에 속은 줄 알고 지난날의 잘못을 뉘우친다. 유배가 풀려 고향으로 돌아온 유연수는 사씨의 행방을 찾는다.

한편 남편이 돌아왔다는 소문을 들은 사씨는 산사에서 나와 남편을 찾으러

나선다. 유연수는 사씨에게 지난날의 잘못을 사과하고, 고향으로 돌아와 간악한 교씨와 동청을 잡아 처형한 다음 사씨를 다시 정실로 맞이한다.

다음의 시 한 편을 보자.

누구나 다 똥을 품고 산다

하루에 세 사발 밥과 국을 먹고
똥 한 바가지씩 만들어 낸다
몸뚱아리가 똥을 만들 때 내는
그 기운으로 우리가 사는 것이다

똥이 처음부터 똥이었겠나
처음엔 흰 쌀밥이거나 산해진미였을 것인데
우리 몸 살리려 알맹이 다 빼주고
찌꺼기만 남은 것이다
우리 엄마처럼 남은 것이다.

― 〈똥에 감사〉, 오정환

시를 읽고 무엇을 느끼느냐에 따라 다르겠지만, 이런 시도 이야기에 포함할 수 있을 것이다. 사소한 것에 감사하는 태도가 사람을 얼마나 겸손하게 만드는가? 우리가 하찮게 여기는 배설물은 우리를 위한 희생의 대가가 아니겠는가. 피가 되고 살이 되는 영양분을 우리에게 다 주고 나니 배설물이 된 것이다. 우리네 어머니도 자식들에게 다 내어 주고 이제 별로 쓸모가 없는 노인이 된 것이다. 배설물과 어머니를 대비한 발상이 무척이나 기발하다.

이야기로 상대의 마음을 움직이려면 그것이 자신의 이야기든 다른 사람의 이야기든 일단 재미있어야 한다. 재미있는 이야기꾼이 되려면 평소 많은 자료를 수집해야 한다. 책이나 신문, 잡지 등을 보면서 메모하는 습관은 나중에 자료를 찾아 활용할 때 편리하다. 또한 평범한 소재라도 새로운 시각에서 보면 남들이 미처 발견하지 못한 이야깃거리를 찾을 수 있다. 세상에 공짜는 없다. 설득에 능한 사람이 되려면, 설득에 유용한 이야기들을 많이 알고 있어야 그때그때 이야기보따리를 풀어낼 수 있다.

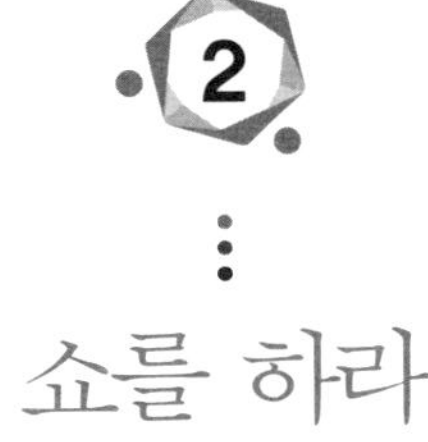

쇼를 하라

광고대행사 리앤디디비Lee & DDB 대표였던 이용찬 씨는 오리온 초코파이 '정情' 캠페인을 기획한 실력자로 알려져 있다. 그가 모 이동통신 회사 광고를 만들 때 겪은 유명한 일화가 있다. 다음의 이야기로 볼 때, 그 통신 회사 마케팅 담당 상무는 콧대가 세고 의욕이 넘치는 사람이어서 대행사로서는 무척이나 까다로운 상대였던 모양이다.

이용찬 대표가 제품의 여러 차별점 중 한 가지만 부각하면 어떻겠느냐고 제안하자, 아니나 다를까 그는 매우 상기된 표정으로 "아니, 우리 서비스의 좋은 점이 얼마나 많은데 왜 하나만 부각한다는 겁니까?" 라고 반박했다.

그러자 이 대표는 조금도 당황하지 않고 이렇게 대응했다.

"네, 상무님. 정말 장점이 많은 서비스라는 것은 저도 잘 알고 있습니다. 그런데 광고 이야기는 잠깐 접겠습니다. 제가 듣기에 상무님이 테니스를 무척 좋아하신다고 해서 좋은 공을 준비해 왔는데, 하나 드려도 될까요?"

이 대표는 말이 끝나자마자 상무에게 테니스 공을 하나 던졌다. 상무는 오른손으로 쉽게 공을 잡았다. 그리고 이 대표는 "역시 상무님은 운동 신경이 아주 좋으시네요. 하나 더 드려도 되지요?"라며 두 번째 공을 던졌다. 상무는 왼손으로 가볍게 그 공을 잡았다. 이에 그치지 않고 이 대표는 "잘 잡으셨습니다. 하나 더 드리고 싶습니다."라며 세 번째 공을 던졌다. 상무는 공을 쥔 손으로 세 번째 공도 잡았다. 이번에도 이 대표는 "대단하십니다. 하나 더 드리겠습니다."라면서 네 번째 공을 던졌고, 상무는 그 공을 잡느라 손에 들고 있던 다른 공을 떨어뜨렸다. 이 대표기 마지막으로 "기왕 드린 김에 하나 더 드리겠습니다."라면서 다섯 번째 공을 던지자, 상무는 그 공을 잡기 위해 손을 뻗다가 들고 있던 공을 전부 놓치고 말았다.

이 대표는 그 모습을 보고 빙그레 웃으며 상무에게 이렇게 물었다고 한다.

"상무님, 장점 한 가지만 강조할까요? 아니면 다섯 가지 다 주장할까요?"

홍성태와 조수용이 집필한 『나음보다 다름』에 나오는 이 일화는 말로 하는 것보다 때때로 이렇게 쇼를 하는 것이 설득력을 높일 수 있다는 사실을 잘 보여주고 있다. '쇼를 하는 것'에는 두 가지 의미가 있다. 첫 번째는 앞의 사례처럼 상대로 하여금 뭔가 행동하도록 유도하여 스스로 깨닫게 하는 것이다.

초등학교 교사인 제인 엘리엇이 '편견의 위험성'을 학생들에게 설득하기 위해 어떻게 쇼를 했는지 칩 히스Chip Heath와 댄 히스Dan

Heath가 저술한 『스틱』에 잘 나와 있다.

1968년 4월 4일 마틴 루터 킹Martin Luther King Jr. 목사가 암살되었다. 아이오와 주의 초등학교 교사인 제인 엘리엇은 담임을 맡고 있는 3학년 학생들에게 그의 암살 사건에 대해 설명해 주고 싶었다. 주민들 대부분이 백인인 아이오와 주의 라이스빌에 사는 학생들은 킹 목사가 누구인지는 알고 있었지만, 어떤 사람들이 왜 그를 죽이고 싶어 했는지는 이해하지 못했다.

엘리엇은 이렇게 말했다.

"나는 좀 더 구체적으로 설명할 때가 되었다는 것을 깨달았다. 우리는 학교에 입학한 첫날부터 줄곧 인종차별에 대해 이야기를 나누었기 때문이다. 하지만 두 달 전 '이 달의 영웅'으로 뽑힌 마틴 루터 킹의 암살 사건을 아이오와 주의 라이스빌에 사는 초등학교 3학년 학생들에게 설명하기란 너무나 어려웠다."

그래서 다음 날 그녀는 밤새 짠 계획을 가지고 학교에 갔다. 그녀는 학생들이 편견에 대해 확실히 실감하기를 원했다. 그녀는 수업 시간에 학생들을 갈색 눈의 아이들과 푸른 눈의 아이들 집단으로 나눴다. 그런 다음 아이들에게 "갈색 눈의 학생들이 푸른 눈의 학생들보다 더 우수합니다."라고 말했다.

그리고 엘리엇은 두 집단을 분리했다. 푸른 눈의 학생들은 교실 뒤쪽에 모여 앉도록 했고, 갈색 눈의 학생들에게는 푸른 눈의 아이들보다 더 똑똑하다는 이야기를 해주었다. 갈색 눈의 학생들에게는 쉬는 시간을 좀 더 오래 즐길 수 있도록 했고, 푸른 눈의 학생들에게는 멀리서도 눈의 색을 구분할 수 있도록 목 부분에 특별한 옷깃을 달게 했다. 엘리엇은 두 집단이 쉬는 시간에 함께 어울리는 것도 허용하지 않았다.

그후 엘리엇은 학생들이 급격하게 변화하는 모습을 목격하고 엄청난 충격을 받았다. 아이들은 갑자기 심술궂어졌고 친구들을 차별하고 못되게 굴었다. 정말 무시무시한 광경이었다. 갈색 눈의 아이들이 푸른 눈의 친구들을 놀리고 경멸하기 시작하면서 우정이 급속도로 깨졌다. 심지어 갈색 눈을 가진 한 학생은 엘리엇에게 "푸른 눈을 가졌는데 어떻게 선생이 될 수 있었어요?"라고 물었다.

다음 날 엘리엇은 교실에 들어가 자신이 틀렸으며, 사실은 갈색 눈을 가진 사람들이 더 열등하다고 말했다. 이런 운명의 반전은 학생들에게 즉각적인 영향을 미쳤다. 푸른 눈의 아이들은 환호했고, 자신들보다 열등한 갈색 눈의 아이들에게 달려들어 자신의 목에 달려 있던 옷깃을 달아 주었다. 열등한 집단에 속하게 된 학생들은 자신에 대해 슬프고, 나쁘고, 심술궂고, 멍청하다고 묘사했다. 그중 한 소년은 쉰 목소리로 이렇게 말했다.

"내가 열등한 집단에 속해 있을 때는 나한테 세상의 나쁜 일이란 나쁜 일은 다 일어나는 것만 같았습니다."

하지만 그 소년은 우수한 집단에 속하게 되자 즐겁고, 정의롭고, 똑똑하다는 느낌을 받았다고 말했다.

이는 심지어 학업 성적에까지 변화를 일으켰다. 읽기 수업 중에 단어장의 단어들을 가능한 한 빨리 소리 내어 읽는 활동이 있었는데, 푸른 눈의 학생들이 열등한 집단에 속해 있던 날 학생들의 평균 읽기 시간은 5.5분이었다. 다음 날 푸른 눈의 학생들이 우수한 집단에 속하게 되자 그들의 평균 읽기 시간은 2.5분으로 현저하게 줄어들었다. "어제는 왜 이렇게 빨리 읽지 못했니?"

라고 엘리엇이 묻자 푸른 눈의 한 소녀는 이렇게 대답했다.

"그 옷깃을 달고 있었잖아요."

그러자 다른 학생이 끼어들며 이렇게 말했다.

"하루 종일 옷깃 생각밖에 안 났어요."

엘리엇의 이러한 가상 실험은 학생들에게 편견이란 무엇인지 생생하게 체험하게 해주었다. 잔인할 정도로 구체적으로 말이다. 또한 학생들의 삶에도 엄청난 영향을 미쳤다. 그로부터 10년 후와 20년 후에 행해진 연구에 따르면, 이 실험에 직접 참여했던 엘리엇의 제자들은 참여한 적이 없는 다른 학생들에 비해 편견의 수준이 현저히 낮게 나타났다.

이처럼 사람들을 설득하기 위해 직접 체험하도록 하는 것은 매우 효과적이다. 단순히 말로 들었을 때보다 더 많이 각인되고 여운도 오래간다. 비슷한 사례를 하나 더 보자.

콘웨이 고등학교 가을 학기 첫날, 짐 오언의 역사 수업 시간이었다. 오언은 콘웨이 고등학교에서 가장 까다로운 선생님이라는 평판이 자자했지만, 최고의 선생님이기도 했다. 수업 첫날은 으레 선생님들이 하던 방식대로 시작됐다. 오언 선생님은 자신을 소개하고, 앞으로 수업에서 무엇을 배우게 될지, 얼마나 많은 시험이 있을지, 평가는 어떻게 할 것인지 등을 설명했다.

20분 정도가 지났을 때 십 대 네 명이 갑자기 교실로 뛰어들어왔다. 그들 모두 마스크를 쓰고 있었고 총기를 휘둘렀다. "모두 꼼짝 마!" 라고 그들은 소리쳤다. 그들은 곧장 교탁으로 가서 오언 선생님을 바닥에 엎드리게 한 후 지갑을 빼앗고, 책상 위에 있는 생활기록부를 훔쳐서 잽싸게 도망갔다. 교실에 난입해 도망가기까지 걸린 시간은 불과 15초도 되지 않았다. 학생들은 충격에 빠져 온몸이 마비되었다.

한바탕 소동이 끝나자 오언 선생님이 몸을 일으키며 "난 괜찮은데, 다들 무사한가?"라고 말했다. 학생들은 괜찮다고 대답했다. 그러자 선생님은 우리가 목격한 것이 진짜가 아니라고 설명했다. 뛰어들어온 학생들은 그의 제자들로, 거짓된 범죄 행위에 참여하는 데 동의한 이들이었다. 그들의 연기는 정말 그럴싸해 보였다.

"자, 여러분께 첫 번째 과제를 내겠습니다. 다들 종이 한 장씩을 가지고 가서 방금 일어난 일에 대해 가능하면 자세히 쓰세요."

여전히 두 번째 충격에 빠진 채로 학생들은 선생님의 지시에 따랐다. 10분 뒤에 선생님은 학생들에게 종이를 제출하라고 했다. 그러고는 하나씩 들고는 큰 소리로 읽어 주었다. 그날의 세 번째 충격이 찾아왔다. 선생님이 읽어 주는 스토리들은 놀라울 정도로 모두 달랐다. 어떤 스토리에는 네 명의 소년이 등장했다. 다른 스토리에는 세 명, 또 다른 스토리에는 세 명의 소년과 한 명의 소녀가 등장했다. 또한 어떤 스토리에는 난입한 학생들이 진짜 총을 들고 있었고, 다른 스토리에는 검은색으로 칠한 물총을 들고 있었다. 한 소년이 칼을 들고 있었다고 적은 스토리도 있었다. 누군가는 오언 선생님이 강도를 당하는 동안 두들겨 맞았다고 주장했지만, 대부분은 강도들이 선생님에게 손을 대지 않았다고 썼다. 우리가 앉아서 듣는 동안 선생님은 계속해서 읽었다.

다 읽은 선생님은 마지막 종이를 내려놓으면서 말했다.

"역사는 기록한 사람의 관점에 따라 달라집니다. 우리가 방금 본 것처럼 역사는 저자에 따라 크게 다를 수 있습니다. 전쟁의 승자는 패자와는 다르게 스토리를 말할 것입니다. 정치권력을 가진 집단은 그렇지 않은 집단과 다른 관점으로 역사를 쓰려고 할 것입니다. 이제 세계사 여행을 떠나면서 이것을 마음에 새기기 바랍니다. 자, 책을 펴고 제1장으로 넘어갑시다."

26년 전 일이다. 그러나 나는 마치 어제 일어난 일처럼 기억하고 있다. 그 해 역사 수업에서 많은 중요한 교훈을 얻었다. 하지만 가장 가치 있고 기억에 남는 것은 첫날 배운 교훈이다. 오언 선생님의 대담하고 놀라운 강의 기법 때문이었다.

폴 스미스Paul Smith의 저서 『스토리로 리드하라』에 나오는 이 내용은 '쇼'가 얼마나 강력한 효과를 발휘하는지 잘 보여주고 있다.

보험 세일즈에서 탁월한 능력을 보인 최현 대표는 도구를 이용한 쇼로 고객을 설득하는 것으로도 유명하다. 그중 한 가지가 레고를 이용한 상황극이다. 그는 굵은 기둥 두 개, 넓은 판 한 개, 작은 레고 인형 두 개를 준비한다. 그리고 먼저 고객 앞에 기둥 두 개를 꺼내 놓고는 이렇게 말한다.

최 대표 이쪽은 남자, 이쪽은 여자입니다. 두 남녀가 만납니다. 그럼 뭐가 생기죠?

고객 아이?

최 대표 너무 진도가 빠르십니다. 하하!

고객 하하하!

해 낸 것이다. 수업을 들은 학생들에게서 훌륭하게 수업을 진행했고, 수업 내용도 좋았다는 평가를 받은 강사들은 비언어적 행동만 보고 판단을 내린 실험 참가자들에게도 활발하고, 적극적이고, 도움을 주고, 자신감 있고, 호감이 가고, 지배적이고, 유능하다는 인상을 주었다.

몇 가지 후속 연구에서도 같은 결과를 얻었다. 훌륭한 강사는 얼굴 표정, 손동작, 몸짓, 목소리 등을 통한 표현이 풍부하고, 가만히 앉아 있기보다는 주로 강의실을 돌아다닌다. 또한 그들은 청중에게 강한 신념을 심어 주고, 끊임없이 변화를 준다. 다시 말해, 훌륭한 강사는 열정이 느껴지는 신호들을 마구 쏟아내서 청중을 압도한다는 것이다.

이는 사람들을 설득할 때 어떠해야 하는지 잘 보여준다. 다른 사람을 설득하고자 할 때 열정적으로 설명하고, 강한 자신감을 보이며, 유능하다는 인상을 주는 것이 설득에 큰 영향을 미친다는 것을 알 수 있다. 심리학자들은 이러한 실험과 비슷한 방법으로 유능한 영업인을 구별해 내는 실험을 했다. 이 내용도 앞서 언급한 『스냅』에 나와 있다.

연구자들은 미국의 한 대기업 고위 경영진에게 자사 영업부장 몇몇에 대해 그들의 판매 실적과 관리자의 평가서를 근거로 하여 '보통' 혹은 '뛰어남'으로 등급을 매겨 달라고 요청했다. 조사자들은 영업부장들을 만나 면담을 하면서 학력과 경력은 물론 그동안 일을 하면서 겪은 긍정적인 경험과 부정적인 경험 등을 파악했다. 그리고 그들 각각의 면담 내용을 비디오테이프에 녹

화한 뒤에 무작위로 골라서 20초짜리 짧은 영상 세 개를 만들었다. 그중 영상 하나는 학력과 경력에 초점을 맞추었고, 다른 하나는 긍정적인 경험에, 마지막 하나는 부정적인 경험에 초점을 맞추었다.

이어서 연구자들은 이들 영업부장과 관련 없는 평가자 여덟 명에게 해당 영상을 개별적으로 보여주고 각각의 영업부장에 대해 여러 각도에서 점수를 매기도록 했다. 전문성, 결단력 같은 업무 관련 변수, 온화함, 공감도, 예민함 같은 대인 관계 자질, 마지막으로 불안 등을 포함했다. 평가자 여덟 명은 실적이 뛰어난 영업부장과 보통인 영업부장을 어렵지 않게 구분했다. 흥미롭게도 불안과 인내심, 결단력과 같은 업무 관련 점수들은 영업부장의 역량에 대한 평가에 영향을 미치지 못했다. 중요했던 것은 영업부장의 대인 관계 자질이었다. 평가자들은 평범한 동료들에 비해 뛰어난 실적을 보이는 영업부장들을 인정이 많고, 협동심이 강하고, 힘이 세고, 이해심이 많고, 열정적이고, 협조적이고, 공감 능력이 뛰어나고, 예민하다고 평가했다.

이제 다른 사람을 효과적으로 설득하는 방법은 확실해졌다. 수려한 말솜씨를 자랑한다고 해서 사람들을 설득할 수 있는 것은 아니다. 비언어적 기술을 효과적으로 활용할 줄 알아야 한다. 즉, 쇼를 해야 한다는 것이다.

리처드 맥스웰Richard Maxwell과 로버트 딕먼Robert Dickman이 지은 『5가지만 알면 나도 스토리텔링 전문가』에는 사람들을 설득하는 이야기의 다섯 가지 요소가 나온다. 열정, 영웅, 악당, 깨달음, 변화가 그것인데, 그중에서 열정을 맨 앞에 놓은 것은 누군가를 설득할 때 그 내용보다도 설득하고자 하는 이의 열정이 중요하기 때문일 것이다. 그러면서 저자들은 빌 클린턴Bill Clinton의 사례를 들고 있다.

미국의 현대 정치사에서, 1998년 1월 백악관 기자회견장에서 카메라를 향해 손가락을 치켜들고 전 국민의 눈을 똑바로 응시하면서 "저는 르윈스키 양과 성적인 접촉을 한 사실이 전혀 없습니다."라고 강조하던 클린턴보다 더 위험한 순간을 맞이했던 정치인은 없을 것이다. 엄밀히 말하자면, 그는 새빨간 거짓말을 하고 있었다. 그렇게 함으로써 클린턴은 대통령의 가장 소중한 자산인 '국민의 신뢰'를 위기에 빠뜨리고 있었던 것이다. 그의 행위를 옹호하려는 것은 결코 아니다.

(중략)

우리의 관심을 끄는 것은 머지않아 거짓으로 판명 나는 이 간단한 진술이 어떻게 클린턴의 지지 기반을 오히려 더 강화하였는가 하는 점이다. 그는 여론 조사에서 살아남았을 뿐만 아니라 심하게 공격당하면 당할수록 지지도는 더욱 올라갔다. 신문에서 그 사건을 떠들어 댈수록 여론은 더욱 양극화되었고, 대다수가 그의 주위로 모여들었다.

(중략)

클린턴은 진실성은 없었을지 모르지만 열정이 있었다.

나는 클린턴이 쇼를 했다고 본다. 4장 '보여주기'에서 이미 언급했지만 텔레비전 홈쇼핑을 보다가 자신도 모르게 주문 전화를 하는 이유는 쇼를 하기 때문이다. 갈비를 팔 때는 모델들이 나와서 갈비를 맛있게 뜯어 먹는 모습을 보여주고, 운동기구를 팔 때는 모델들이 기구 위에서 땀을 흘리며 열심히 운동하는 모습을 보여준다. 이게 무엇을 의미하는가? 쇼를 보여줄 때 사람들이 더 쉽게 설득된다는 것이다.

쇼를 제대로 보여준 것으로 빌 게이츠Bill Gates가 테드TED에 나와 강연장 안에 모기를 푼 사례도 있다.

빌 게이츠는 모기에 의해 전염되는 말라리아 병을 퇴치해야 한다고 주장했다. 그는 선진국에서는 말라리아를 완전히 퇴치했는데, 아프리카 · 남아메리카 · 아시아에 있는 빈곤 국가에서는 지금도 일 년에 100만 명 이상이 말라리아로 인해 목숨을 잃고, 2억 명이 넘는 인구가 살면서 한 번쯤은 말라리아로 고통받고 있다고 말했다. 그런데 그 이유는 충분한 투자를 받지 못했기 때문이라고 전제한 뒤, 발모제에 들어가는 돈이 말라리아 퇴치에 들어가는 돈보다 많을 정도로 말라리아의 영향이 엄청나게 과소평가되고 있다고 주장했다.

그러고 나서 빌 게이츠는 "말라리아는 모기에 의해 전염되는 병입니다."라고 말하면서 천천히 테이블 앞으로 걸어갔다. 그는 "여기 제가 모기를 좀 데리고 왔습니다. 여러분도 겪어 보시라고요. 잠깐 풀어 보도록 하겠습니다. 가난한 사람들만 말라리아로 고생하란 법은 없습니다."라며 능청스럽게 테이블 위 원통 안에 있는 모기를 풀었다. 그러면서 말라리아에 대한 관심과 지원을 호소했다. 이 순간 사람들은 폭소를 터트리기 시작했다. 빌 게이트의 쇼에 수많은 청중들의 마음이 열렸던 것이다.

반면 조 내버로Joe Navarro와 토니 시아라 포인터Toni Sciarra Poynter가 쓴 『우리는 어떻게 설득당하는가』에는 쇼를 하지 못해 낭패를 본 사례가 실려 있다.

미국은 2008년 모기지론 위기가 촉발한 불황에 깊이 빠져 있었다. 이 불경기가 초래한 부작용 중 하나는 미국 자동차 산업을 파산 직전 상태에 이르도록 한 것이다. 2008년 말 자동차 업계의 빅3, 즉 포드, 제너럴모터스, 크라이슬러의 회장들은 워싱턴 D. C.로 찾아와 의회에서 그들의 처지를 설명하고, 국민이 낸 세금으로 250억 달러를 지원해 달라고 간청했다.

그런데 수백만 명에 달하는 직원들의 생계가 극히 위태로운 상황에서 그들은 워싱턴 D. C.까지 자가용 비행기를 타고 왔다. 이 비언어적 실수로 인해 그들은 의회, 대통령, 노조, 언론, 일반 노동자들의 분노와 냉소를 샀다. 한 하원 의원은 이렇게 말했다.

"워싱턴 D.C.로 날아온 호화로운 자가용 비행기에서 구걸 깡통을 든 사람들의 모습을 보세요. 참 재미있는 아이러니죠."

다른 의원들이 한 말에 비하면 이는 그나마 완곡한 표현이었다. 그들처럼 많이 배우고 똑똑한 사람들이 어떻게 그렇게 빤히 보이는 심각한 실수를 저질렀는지 이해할 수 없다. 빅3 회장들은 대공황 이래 최악의 경기 침체로 온 국민이 힘겹게 버티고 있는 상황에서 그와 같은 행동이 어떤 의미로 받아들여질지 짐작조차 못했던 것 같다. 애초에 아무런 계획도 없이 의회를 찾아 온데다가 오는 과정에서 그런

태도까지 보였으니 어느 누가 그들을 도와주려고 했겠는가?

'쇼를 하라'는 말에 부디 오해가 없기를 바란다. '쇼'라는 말이 다른 사람을 속이기 위한 위선적인 행위로 이해되지 않았으면 한다. 쇼에는 이야기를 효과적으로 전달하는 요소들이 있다. 첫째, 상대의 감정을 자극한다. 둘째, 호기심을 자극한다. 셋째, 놀라움이 있다. 그리고 마지막으로, 이해하기 쉽고 기억하기 쉽다. 왜냐하면 실감이 나기 때문이다. 즉, 실감이 나도록 쇼를 하면 그만큼 당신의 생각을 사람들에게 잘 전달할 수 있다. 그러나 무엇보다 중요한 사실은 진실한 자신의 모습을 보여주는 것이다.

※참고문헌

· 『노자 · 장자』, 장기권, 이석호 역, 삼성출판사

· 『논어 · 중용』, 한상갑 역, 삼성출판사

· 『맹자 · 대학』, 한상갑 역, 삼성출판사

· 『사기본기』, 김영수 옮김, 알마

· 『사기세가』, 김원중 옮김, 민음사

· 『사기열전』, 임동석 역주, 동서문화사

· 『설원』, 임동선 역주, 동문선

· 『여씨춘추』, 김근 옮김, 글항아리

· 『전국책』, 임동석 역주, 동서문화사

· 『한비자』, 김원중 옮김, 글항아리

· 『한권으로 읽는 사서삼경』, 이우영 옮김, 글로북스